VIOLET POLLUX

Notas para El Amor De Mis Lunares

First published by Violet Pollux in 2018

Copyright © Violet Pollux, 2018

All rights reserved. No part of this publication may be reproduced, stored, or transmitted in any form or by any means, electronic, mechanical, photocopying, recording, scanning, or otherwise without written permission from the publisher. It is illegal to copy this book, post it to a website, or distribute it by any other means without permission.

This book was professionally typeset on Reedsy. Find out more at reedsy.com

Contents

Sinopsis	i
Epígrafe	ii
Dedicatoria	iii

I   Las subidas

Tú tallado en muy minúsculas	3
Confesión número explicación de esta enorme locura	4
El arte que (me) importa	8
Diccionario selectivo enamorado	12
Pregunta a la Princesa de ojos café	14
Montañas rusas y lluvia	17
Confesión número música inspirada en ti	22
Espacio en blanco para que por si acaso	23
La tercera dimensión	24
Día 19	25
Estrella fugaz (entre paréntesis)	26
Mis filosofías de vida	29
Cómo hablo de ti	32
Gris	33
La fórmula del éxito	34
Raro	37
Nuncas y siempres	38
Zorro	39
Dos mitades de una noche estrellada	42
Demasiado demasiado y una confesión sonrojada	44

Maniquíes	46
No sé cómo querer	49
Escritura feliz	50
Sin música de fondo, por favor	53
Ramé (parte 1)	54
Cosas (ir)relevantes y no hacer nada	56
Petricor	59
Post-modernidad	60
Sempiterno por defecto (o, al menos, eso quiero)	64
Escritor por derecho de musas y no de puño y letra	66
Depresión	67
Anillos, matemática básica y no sé qué	69
Día 22	71
Mariquita	72
Lista de reproducción (música clásica)	73
Sentimientos	74
Confesión con alas	77
Notas fugaces en mi cuaderno	78
Casa con forma de ella	79
El que se enamora pierde	80
Uno de treinta	82
Era necesario, lo siento	84
Soy un observador	85
No eras tú	91
Dos palabras en otros idiomas	92
No te dejes engañar	94
Felicidades: toma mi corazón	95
La vida mejora, felicidad y el secreto de la magia	96
Poema en tono menor	99
Como si fuera a ser para siempre	100
La felicidad	102
Día 35	106
Contigo quiero	107

Fama y felicidad	108
Cacofonías armónicas	112
Una confesión urgente y una historia inesperada	113
Lila entre paréntesis	117
Por qué amo los paréntesis	120
Ramé (parte 2)	122
Equinoccio de otoño	123
Algo honesto para compartir (contigo)	124
Me gusta cómo me gustas	125
El Amor De Mis Lunares	126
El problema del latinoamericano	130
Cafuné	131
Lógica simple y compleja a la vez	132
Pensando en tinta escrita	133
Día 47	137
Pijamada	138

II Las bajadas

La puerta está abierta	143
Inmarcesible	145
1 de 100 fragmentos perdidos	147
Vida, tiempo, citas y puntos suspensivos	148
Corazón roto marca valiente	153
(No es) solo uno más	154
Fortaleza en lo más simple de la vida	156
Excusas, café y estrellas	157
Lluvia triste	158
Lista de poemas que me recuerdan a ti	160
Corazón frágil, no débil	161
Notas fugaces en mi cuaderno (parte 2)	163
puntos suspensivos tamaño minúscula	164
Mi debilidad	167

Día 56	168
Perfección	169
Otoño	172
Confesión en menos de 30 palabras	174
De trans a cis	175
Degradado morado	179
Cómo Cumplí Mis Sueños	181
Contigo puedo ser débil	187
Masculino, femenino y otros conceptos abstractos	189
Castor y Pollux	193
Mis mayores miedos	194
Mi jardín favorito	201
Eres	202
Feo con mucho orgullo	203
Flor azul	206
Soy cursi, y tú una flor	207
Hemiola	209
Flor de loto	210
Conversación con la almohada	216
Hablemos de amor	217
La vida es irónica	221
Enlace triple	223
La luna	226
Dos cosas que aprendí	227
Música líquida	230
Entre la espada y la pared	231
Segundos movimientos	233
Saudade	236
Es mejor que nada	237
No quiero atarte con letras	238
(Tengo) Miedo de hablar	240
Día 64	242
Belleza	243

Ramé (parte 3)	245
Soy lo que soy, lo siento	247
2017	250
Te quiero	253
Talón de Aquiles	254
Cosas que debes saber de mí	257
Arte puro	262

III Las calmas

La magia existe	265
Inmortal	267
Las primeras veces	269
Dualidad	273
Cinco	277
Mapa de tu espalda	279
Lots of	281
Notas fugaces en mi cuaderno (parte 3)	284
Claveles suaves con aroma a tus ojos	285
Científicos de nosotros mismos	287
Día 73	292
Como a una flor	293
Cuando sea grande	295
Soy, eres, somos	297
Peter Pan	298
En compás ternario	302
Langsam	303
Asma	304
Hyggelig	307
Al cielo	309
Sobre mí	310
Pensando en tinta escrita (parte 2)	314
Te busco	315

Palabro	317
En cada pétalo	318
Iridiscencia	320
Él	325
Día 81	327
Cuentos de hadas	328
Ramé (parte 4)	331
Algo mejor	333
Hanami	336
Desastre letífico	338
Una buena dosis de arte	339
Día 99	340
Rosa especial	341
El abecé de tus manos	343
Ahora todo tiene sentido	344
Uno de esos días	345
Me gustas	347
Pequeño desastre	349
Mi galaxia	352
Lo que pienso justo ahora	353
Khroma	359
Notas fugaces en mi cuaderno (parte 3)	360

IV   La montaña rusa competa

Lo que me gustó de ti	363
Palabras mías, personas nuestras	364
No es solo poesía	366
Atardeceres, otoño y un secreto	367
Pero no quiero	369
Más de media noche bajo el cielo de verano	370
La montaña rusa completa	372
También por Violet Pollux	373

Agradecimientos 374
Sobre el autor 375

Sinopsis

Quiero tomar fotografías, pero no tengo ninguna cámara, así que congelaré todo con palabras, lo pintaré con tinta escrita. Mi paisaje favorito son los preciosos ojos café que te gastas, así que te pregunto, querida musa, ¿puedo hacerte eterna con mis letras? ¿Me permites fotografiar todas las cimas del mundo que alcancemos con no fotografías y una cámara, sino con el caleidoscopio propio de un tontuelo enamorado, arte poético y mucho amor?

Por favor, te lo suplico, *dime que sí:* estoy desesperado por armonizarte en papel, por susurrarte todas las melodías que me despiertas en el pecho y dejarlas sobre un lienzo tan permanente que tú también pases a ser para siempre.

Epígrafe

"Toma agujas e hilo rojo,
y un poco de café,
que esta noche es larga
y la vida son solo dos pasos."
—Roxy Muñoz, Belladonna

Dedicatoria

Al Amor De Mis Lunares

PART I

Las subidas

Tú tallado en muy minúsculas

aunque no te lo confiese, sigo pensando en ti. las páginas pasan, las palabras van cambiando, pero en el fondo hago poesía con tu nombre tallado en muy minúsculas. las rimas me suenan a ti, los ritmos me suenan a ti, la musicalidad me suena a ti, y me parece que es porque en ocasiones tú eres esa música que sale de las letras.

pienso en ti mientras leo, mientras pinto, mientras creo, mientras vivo, y comienzo a preguntarme si será porque te quiero más de lo que debería…

que te has marchado, que no volverás, que el ocaso es incierto, recuerdo. que te extraño con más que solo el pecho, aunque mi reloj no pueda comprenderlo del todo…
y suspiro, pensando: ya quiero que sea mañana.

y suspiro, pensando:
por favor, quiéreme tú también.

pd: no sé qué escribo. son las 2 am y lo único que pienso es que te extraño.
pd2: mentí. solo pienso en ti, en nada más.
pd3: comienzas a gustarme y me da miedo que no sea recíproco.
pd4: y sí, sería un honor que me partieras el corazón, pero, *si pudiera escoger, escogería que tú también me quisieras.*

Confesión número explicación de esta enorme locura

Es que esto era lo que quería evitar, joder. Era justo esto lo que estaba evitando: convertirte en arte, transformarte en palabras, volverte letras con las puntas de las i con forma de corazones. Sin embargo, aquí estoy, escribiéndote, narrándote entre páginas o, más bien, escribiendo y pensando solo en ti, cosa que me pasa más a menudo de lo que me gustaría admitir…

Aunque, bueno, tampoco es tan malo. Después de todo, eres el mejor chico del mundo, el más maravilloso, el más asombroso, y una persona tan increíble merece ser inmortalizada, ¿no crees? Serás más que solo tú, más que solo una persona —aunque esa persona es maravillosa y a mí me enamoró, a mí me basta, lo juro, pero mi punto es que ahora también serás eterno, porque vivirás para siempre en estas páginas, y eso es lo correcto, porque alguien tan único como tú definitivamente merece vivir más que solo una vida.

Llegado a este punto, me siento entre la espada y la pared, ¿sabes? Porque por un lado es *como eres tan asombroso que mereces que te comparta con el mundo, que les cuente de ti, que exponga todo lo maravilloso que eres, porque algo tan bueno como tú es como un descubrimiento científico: merece ser compartido con el universo entero, porque sabes que cambiará al mundo…*

Pero por el otro lado es como *no, mejor te conservaré aquí, en mi* pecho, entre mis libretas, entre suspiros, porque eres tan maravilloso y genial que el mundo, la humanidad no te merece. Eres tan maravilloso y genial que no quiero compartirte con nadie.

Eres tan maravilloso y genial que, joder, solo te quiero para mí.

Como ves, son pensamientos muy contradictorios, pero ambos coexisten en mi cabeza de alguna manera y, más importante que eso, logro salir intacto a pesar de ellos.

Ahora, hablando de otra cosa, ¿no te parece una locura que estemos juntos? Recuerdo cuando me caías mal, cuando te odiaba, y ahora lo único que pienso es que me haces feliz, que estoy enamorado de ti y que no quiero dejar de sentirme así nunca. ¿No es loco cómo las cosas cambian de la noche a la mañana? ¿No es loco que nos hayamos encontrado mutuamente y que nos consideremos afortunados por ello?

¿No es loco que me hagas tan feliz, que a veces te sientas como mi mundo entero, cuando te ves como una persona tan regular?

Una vez lo escribí en una novela: *es una locura cómo puedes parecer una persona tan regular y aun así ser el mundo entero para alguien más.*

Es exactamente así, ¿sabes? Y es loco, pero al mismo tiempo maravilloso.

De hecho, ahora que lo pienso, exactamente así describiría lo que está pasando entre los dos: como una locura, pero completamente maravillosa.

¿No te parece que es así?

Te contaré algo que se me acaba de venir a la mente: recuerdo cuando me pediste que te escribiera un poema, estabas MUY emocionado porque te escribiera uno, y yo tenía miedo de hacerlo, porque temía que también pasaras a ser solo un poema —todavía lo tengo, pero estoy intentando superarlo. En fin, el caso es que lo escribí, y mientras lo hacía me daba cuenta de lo mucho que me gustaban tus ojos. Quizá desde ese momento me gustabas, solo que no lo admitía porque era complicado.

Es irónico, porque me pediste un poema, y ya a estas alturas te he escrito al menos treinta y más de tres cartas de amor. ¿No te parece eso otra locura? A mí sí, y de las grandes, pero al mismo tiempo me parece tierno, considerando que ni siquiera me daba cuenta de que lo que sentía por ti era algo grande.

Mientras escribía ese primer poema, no podía imaginar qué sucedería después. Y es que, si me hubieran dicho que algún día estaría acostado contigo, abrazándote, revolviéndote el pelo y sonriendo como un imbécil porque hacía segundos me estabas besando, joder, que no les habría creído ni un poco.

Pero aquí estoy, escribiéndote cosas, volviéndote eterno aunque sea un poquito, escuchando música que me hace pensar en ti, pensando en ti y en tu sabor a estrellas, en tus manos tan suaves, en tu risa de niño pequeño que me vuelve casi tan loco como tú, y recordando el apodo que te puse mentalmente pero que nunca te di de forma oficial: El Chico Alto De La Gorra Y Los Audífonos. Ahora que han pasado las semanas, me provoca cambiar ese apodo a: El Chico Con Los Ojos Más Oscuros Del Mundo —y, solo para que lo sepas, *mis ojos favoritos son los oscuros...*

No obstante, la vida no es tan fácil; de alguna manera, siempre serás El Chico Alto De La Gorra Y Los Audífonos, pero ahora que hablamos de eso de ser más de lo que eres, me parece que quizá y solo quizá *también* podrías ser El Chico Con Los Ojos Más Oscuros Del Mundo, El Chico Con Sabor A Estrellas, El Chico Que Abraza Como Las Nubes, El Chico Más Maravilloso Del Mundo, y a la vez, como es obvio, El Chico Que Se Me Metió En El Alma De Forma Lenta Pero Irremediable.

Como ves, soy muy cursi, pero todo es tu culpa, así que no podemos quejarnos.

Me pregunto si todo comenzó con ese poema, con tu sonrisa, o con la primera vez que me dijiste un te amo. Me pregunto si todo comenzó con esa primera carta que te escribí, con ese primer hola que me dijiste, si comenzó incluso antes de que nosotros mismos pudiéramos entenderlo.

¿Crees que todo estuvo planificado desde siempre? A veces tengo la impresión de que es así, pero no sé si es solo mi soñador cursi interno volviéndose demasiado real.

Sueña conmigo, porque yo sueño contigo.

Te ama (y siempre piensa en ti),
un niño enamorado.

El arte que (me) importa

Se me ocurrió contarte algunas cosas que son extremadamente importantes para mí, para que me conozcas un poco más, y pues, como es obvio, el arte es una de ellas. Sin embargo, no quiero hablarte de *todo* el arte en general, porque para eso harían falta tomos y tomos de enciclopedias, así que te hablaré de lo más resaltante: el arte que a mí me importa.

Pienso que el arte debe ser honesto, porque de lo contrario no vale la pena crearlo.

Con honesto no me refiero con *contar todo lo que te pasó con lujo de detalles*; lo que quiero decir es que el arte es frágil, es vulnerable, y que intentar huirle a esa vulnerabilidad (precisamente por el miedo a sentirse vulnerable, valga la redundancia) no es más que mentir.

Como escritor que soy, invento historias. No obstante, cuando lo hago, no siento que estoy mintiendo, que estoy creando arte que no es honesto, porque me estoy metiendo en el personaje que narra la historia, estoy *pasando a ser él* y a describir lo que él siente, lo que vive, y por eso, en mi opinión, no estoy contando nada falso.

Creo que mi concepto de honestidad, en lo que al arte se refiere, es no tener miedo de sentir algo con intensidad. Es difícil, lo sé, porque pienso que los sentimientos son como puertas que, si se abren demasiado, luego no podrán volver a cerrarse, pero al mismo tiempo opino que precisamente ahí es donde está la magia.

Si tienes miedo de sentir algo, ¿para qué eres artista? No le veo sentido. Ser artista es para valientes, porque atreverse a sentir emociones con intensidad una y otra vez, a pesar de lo internamente agotador que es eso, no es para nada sencillo…

Pero, al mismo tiempo, es maravilloso, porque te hace sentir vivo, y solo por eso lo vale.

Una vez escuché por allí que es más fácil hablar sobre las cosas que nos entristecen que sobre las que nos hacen felices, que es más fácil hablar sobre la tristeza que sobre la felicidad. En su momento me pareció una locura, pero hoy en día lo analizo y le encuentro mucha lógica.

Cuando comencé a escribir, lo hice para desahogarme, como ya te lo dije en notas anteriores, y me parece que así es muchas veces el arte. Lo usamos para desahogarnos, para expresar lo tristes que estamos por este u otro evento que ha ocurrido, para contar lo mal que nos sentimos por esto que se desató en nuestro interior.

Si partimos de esta premisa, podremos entender por qué hay tantas canciones tristes o de despecho en el mundo, pero mi punto no es ese; mi punto es que hay gente que crea ese arte que es delicado, ese arte en el que ha expresado lo frágil que se siente (y la razón detrás de ello), pero al final no lo publican precisamente por lo vulnerable que es.

Lo que esa gente no entiende es que ese arte es bueno por eso, porque es vulnerable, porque es humano, porque cuando entras en contacto con él lo puedes sentir de forma tan intensa como su creador lo sintió en su momento…

Ese arte es bueno porque es real.

Pienso que el arte se trata de expresar tus sentimientos, de hacer sentir a alguien lo que te estuvo carcomiendo los pensamientos todo el día, de no tener miedo de ser tú mismo, de transmitir a través de cualquiera que sea el medio lo que una vez sentiste con intensidad en tu cuerpo entero…

Y todo lo que no sea eso, en mi opinión, no es arte del bueno.

Porque, piénsalo: si la finalidad de un algo es hacerte *sentir* algo, pero no lo logra, es defectuoso, ¿verdad? No vale la pena, es absurdo que exista, es absurdo que se haya creado...

O, al menos, *así pienso yo...*

Y para esa gente que tiene miedo de crear arte honesto, de socavar en lo más profundo de su alma y encontrar las cosas que le afectan, de ser artista de verdad, de *sentir*, solo les digo lo siguiente:

Si te van a partir el corazón, que lo hagan. Es más fácil reparar un corazón roto que volver humano uno que dejó de sentir.

Porque, sí, da miedo que te partan el corazón (¿a quién no le da miedo que lo hagan?), pero al menos estás vivo, al menos eres humano, al menos no estás en una montaña rusa tan plana que no se siente real, y eso es hermoso, ¿sabes?

Es hermoso estar vivo, es hermoso sentirse vivo, sentirse humano, sentir que estás en la Tierra con cada poro de tu cuerpo, con cada espacio de tu pecho, con cada latido de tu corazón.

PD: Anoté esta frase en las notas de mi celular, y me parece tan cierta que me veo en la necesidad de compartirla contigo: *El buen arte es bueno no por lo que dice, sino por el efecto que produce, por lo que te transmite, por lo que te hace sentir cuando entras en contacto con él.*

PD2: Acabo de recordar algo que me contaste hace tiempo sobre el arte, y yo te voy a contar algo al respecto que a la vez es sobre mí.

Un *forte* de Beethoven no es igual a uno de Tchaikovsky. Un *sforzato* de Mahler no es igual a uno de Sibelius, y la lista sigue y sigue, porque cada artista es diferente, y para cada uno de ellos las cosas no necesariamente significan lo mismo y de la misma manera.

Yo debía saber de Beethoven para poder interpretar correctamente lo que quería decir con sus piezas; debía conocer su forma de pensar, de ver la vida, aunque fuera superficialmente, porque para interpretar algo correctamente, debes hundirte en ello aunque sea un poco.

Sin embargo, mi punto no es ese; mi punto es que yo veo artistas, y tú, querida petunia, ves arte. Eso fue a lo que me enseñaron desde pequeño: a mirar a los artistas, para comprender mejor su arte, y me parece gracioso que tú no lo hagas, porque somos distintos en muchas cosas y aun así me enamoré de ti.

Diccionario selectivo enamorado

El otro día estaba viendo unas palabras interesantes en internet, y hubo unas que anoté porque me recordaron a ti, a lo que me causas, a nosotros.

Ramé: algo caótico y hermoso al mismo tiempo.
Inefable: algo tan increíble que no puede ser expresado en palabras.
Remanso: lugar muy tranquilo.
Melifluo: sonido excesivamente dulce, suave o delicado.
Limerencia: estado mental involuntario, propio de la atracción romántica por parte de una persona hacia otra.
Inmarcesible: que no puede marchitarse.
Etéreo: extremadamente delicado y ligero, algo fuera de este mundo.
Cándido: que es sencillo, ingenuo, sin malicia, astucia, picardía o doblez.
Leticia: alegría, regocijo, deleite.
Letífico: que alegra.
Hanami: mirar flores al comienzo de la primavera, especialmente cerezos florecidos.
Petricor: nombre que recibe el olor que produce la lluvia al caer sobre suelos secos.
Cafuné: acto de peinar a alguien suavemente con los dedos.
Inconmensurable: enorme, que no puede medirse.

Perenne: continuo, incesante, que no tiene intermisión.

Mondo: limpio y libre de cosas añadidas o superfluas.

Serendipia: descubrimiento o hallazgo afortunado e inesperado que se produce cuando se está buscando otra cosa distinta.

Sempiterno: algo que tiene inicio, pero no fin.

Esto último me puso a pensar seriamente. Las cosas me parece que son como un anillo, sin inicio y sin fin, sino con simplemente un punto en el que su encuentro se hace más resaltante, y esto, como es obvio, me hizo pensar en ti.

En los libros, en las historias, la gente siempre quiere un final feliz, pero si tú eres mi final feliz, entonces no quiero que haya un *final*.

Espero que esto te parezca lógico, porque en serio no quiero que haya un final entre nosotros, y también espero que tú quieras lo mismo.

Pregunta a la Princesa de ojos café

de Mariposas rotas

Te observo desde aquí
   desde el otro lado del espejo
   y me pregunto cómo le haces
   para tenerme pensando en ti
   tan constantemente
   para tenerme sonriendo tanto
   con un simple hola
   para tenerme (casi) a tus pies
   con unas simples palabras…

Había pasado mucho tiempo
desde que me había conectado con alguien
a nivel mental y emocional
de forma tan intensa como
por suerte
me he logrado conectar
contigo

Y me gustaría…
no lo sé

intentarlo todo
a tu lado
descubrir el universo
tomando tu mano
encontrar nuevos planetas
robándote uno que otro pico

porque
si es contigo
valdrá la pena
si se trata de ti
sé que será asombroso
si ahí está tu sonrisa
ahí está todo lo que necesito

pero

me da miedo que tú no me quieras
me da miedo arriesgar este hermoso
país de las maravillas que compartimos
cada vez que nos hablamos y que
al final sea en vano porque tú
tal como las otras princesas
que vinieron antes de ti
no me quieras

así que solo…

No lo sé

te pregunto princesa de ojos cafés
y dedos que parecen
encajar a la perfección con los míos:

¿piensas en mí?

porque te juro que si dices que sí
lo dejo todo me arriesgo
todo por ti pero
necesito algo a lo que aferrarme y...

y...

y querida princesa:

me gustaría que ese algo
fueras
tú.

Montañas rusas y lluvia

~~~~~~~

Me gusta mojarme bajo la lluvia. En realidad todo el concepto es algo complicado, porque soy asmático y por ello lo más mínimo me puede dar asma, como es el caso de la lluvia, que si a la gente por lo general le da gripe, a mí me puede causar hasta una neumonía…

Esto hizo que siempre le tuviera miedo. Desde que tengo memoria, cuando llovía, yo no salía, por miedo a mojarme, a enfermarme, a morirme por unas simples gotas de agua. ¿No parece irreal que esas simples gotas pudieran matarme? Quizá ni siquiera me habrían matado de verdad, pero el punto es que el miedo siempre estuvo ahí, y tanto era así que nunca le daba una oportunidad a la lluvia, sin importar cuánto se lo merecía.

Recuerdo que incluso con un paraguas encima tenía miedo de la lluvia. *No me quiero enfermar, no quiero que me dé asma, no me quiero morir*, para al final igual terminar enfermándome, igual terminar dándome asma, igual terminar estando más cerca de mi muerte, porque así es la vida, lo aceptemos o no, y sin siquiera ser culpable de nada de eso la jodida lluvia a la que tanto temía, de la que tanto huía.

Hasta que un día pasó lo impensable: *me mojé bajo la lluvia*. Estaba en la parada esperando un carrito para irme a mi casa, pero no pasaba ninguno, y de la nada comenzó a llover, pero a llover con las letras en mayúscula y cursiva: *LLOVER*. Era EL palo de agua, y todo el mundo corrió a protegerse bajo un techo. Yo no fui la excepción a esto, porque ese día no llevaba ningún paraguas ni bolsa con la que protegerme, de manera que no me quedó otra opción.

Esperé pacientemente (es decir, *desesperadamente*) bajo el techo de la panadería que había cerca, y lo que sucedió fue que, después de un rato, finalmente llegó un autobús. Sin embargo, la historia no es TAN alegre en este punto, porque estaba considerablemente lejos de mí el sitio en el que dicho autobús se había estacionado, agregándole a eso el montón de gente que estaba corriendo hacia él, lo que significaba básicamente que no me iría a mi casa todavía…

A menos que corriera, me empapara bajo la lluvia y lo consiguiera.

Seré honesto: las posibilidades de irme eran mínimas. Había demasiada gente empujándose entre ella para subirse al susodicho autobús, y cuando se trata de la viveza, yo no soy precisamente el más iluminado, por lo que prácticamente estaba condenado al fracaso desde incluso antes de intentarlo…

Pero, ¿sabes que hice? *A pesar de ello, lo intenté.*

Y para mi propia sorpresa (y lo digo en serio: no había persona más sorprendida al respecto que yo), *lo conseguí.*

Comencé a correr y sentí cómo la lluvia me iba mojando a medida que avanzaba. Las gotas eran gruesas, de esas que como que te pellizcan cuando te tocan, de lo agresivas que son, pero ni aun así me detuve: seguí corriendo hacia el autobús o, mejor dicho, hacia la aglomeración exagerada de gente que había alrededor del autobús.

Llegado allí, me vi con otro problema: había un *algo* que hacía que cayera más agua a ese lugar.

(Digo un *algo* porque no sé exactamente cómo se llama: es un punto en el que dos techos se encuentran, de tal forma que crean un ángulo entre ellos, el cual está tan inclinado que el agua pasa por él de forma fluida, siendo como una mini cascada suburbana o, como me gusta llamarla: *un algo que hace que haya un chorro de agua gigante por donde camino*).

De forma que, sí: tenía que correr para que el agua no terminara de empaparme, tenía que luchar para poder entrar en el jodido autobús y, como un extra, tenía que intentar evitar que ese *algo* me echara más agua de la que ya de por sí me caía debido a la lluvia.

Pero, ¿sabes qué pasó? A esto último no pude huirle, porque si lo hacía y así no dejaba el *algo* que me mojara, iba a perder la mínima posibilidad que me quedaba de entrar en el autobús, por lo que decidí mojarme, dejar que el *algo* me empapara, pero al final todo valió la pena, porque pude montarme en el jodido autobús.

No obstante, lo que quería contarte en realidad no era cómo me monté en el autobús, sino eso que pasó *mientras* luchaba para poder entrar en él: la lluvia me mojó, el algo me empapó, y fue de pies a cabeza.

Por encima de la ropa, sí, pero quedé empapado y, aunque suene loco, *fue maravilloso*.

Era una sensación completamente nueva para mí. (Quiero que se entienda que lo nuevo no era que me cayera agua encima, sino que esta agua fuera *de lluvia*, y que en teoría yo estuviera permitiendo *por voluntad propia* que me cayera encima: eso era lo nuevo, lo no antes experimentado, lo totalmente asombroso porque nunca antes había vivido.)

El agua me mojó todo el pantalón, los zapatos, la camisa, el pelo, la cara, los brazos, el cuello, *todo*. Estaba empapado de pies a cabeza, y lo estaba porque *yo quería*, porque por un momento de mi vida había decidido bajar la guardia y dejar que la lluvia me mojara, y era maravilloso porque me sentía tan vivo que no hay forma de describirlo.

La lluvia me impedía ver correctamente, debido a que uso lentes y ellos también se mojaron, y al mismo tiempo no podía respirar del todo bien (era como una lucha para encontrar aire para inhalar), y… no lo sé, todo era tan *demasiado* que era imposible no sentirme vivo en ese momento.

La adrenalina me corría por las venas, sentía mi corazón latir con rapidez contra mi pecho, mis oídos estaban más atentos a los sonidos a mi alrededor, mi nariz buscaba aire con desespero, y mientras todo eso ocurría, seguía sintiendo el agua pegarse a mi cuerpo a través de la ropa.

Era una sensación extraña, pero completamente increíble.

Cuando llegué a casa, me bañé, me saqué el agua de lluvia del cuerpo, me tomé una pastilla y no me resfrié. No me dio asma, no me dio gripe, no me dio nada, cosa que me hizo pensar que quizá ese miedo que tanto le tenía a la lluvia ya ni siquiera tenía motivos reales para existir, pero el punto no es ese; el punto es que luego, en la noche, mientras estaba acostado en mi cama pensando en lo que había hecho en el día, me di cuenta de una cosa: quería volver a vivir ese empaparme con la lluvia, aunque sabía que al hacerlo había posibilidades de que me enfermara o quién sabía qué.

Hay personas que dicen que aman la lluvia, pero usan paraguas debajo de ella. Pienso que algo más o menos así es la vida: hay gente que dice que la ama, pero que realmente no la vive.

Y vivir es... *yo creo que vivir es mojarse bajo la lluvia.* Mojarte sabiendo que tal vez te enfermarás, que es posible que te dé asma, que haya un algo a tu espalda que te esté empapando por completo, que estés batallando por entrar en un autobús en el que sabes que hay posibilidades muy bajas de que realmente te puedas montar, mientras no ves nada porque tus lentes están empapados y casi ni respiras porque el agua es prácticamente lo único que hay en el aire.

Vivir es mojarte bajo la lluvia, tener la adrenalina corriéndote por las venas, tener el corazón latiéndote con ferocidad contra el pecho, y todo con una consciencia tan plena de que estás vivo, que no puedas pensar en más que eso: estás vivo, estás *viviendo*, y eso es lo único que importa.

Vivir es lo más terrorífico y hermoso del mundo. Literalmente lo único que hace falta para morirse es estar vivo, por lo que técnicamente siempre está el riesgo latente de poder morir simplemente por estar vivos.

Y, ¿sabes qué es lo asombroso de eso? *Que es como las montañas rusas.*

Montañas rusas y lluvia

Hace poco le expliqué a un amigo que lo emocionante de las montañas rusas son las subidas y las bajadas. Él me contó que tenía miedo de que le partieran el corazón, así que pasé a relatarle cómo me parecía que ninguna montaña rusa que fuera plana valía la pena, y que así mismo era la vida: se trataba de las subidas y las bajadas, no de los momentos estáticos en los que no ocurría nada.

Que no se me malinterprete: esos momentos estáticos, de calma, de *nada*, son necesarios a veces, pero en ellos no está la emoción, y eso era lo que quería que él entendiera.

La vida es una montaña rusa, y lo emocionante de ella está en las subidas y las bajadas.

Aprendí eso un día mientras pensaba profundamente en algo: no quería subidas en las montañas rusas, porque sabía que, mientras más alta fuera, más dura sería la caída. Eso es física simple: todo lo que sube tiene que bajar, y nadie podía decirme lo contrario, porque eso era lógica simple, y era tan, tan simple que ni yo mismo podía obviarla.

Pero, ¿sabes qué también es lógica simple? Que haber venido a la vida para no vivirla es lo más estúpido del universo.

A la mierda el miedo, me dije un día. Si me van a romper el corazón, pues que me lo rompan, que así como solito se rompió, tal cual se va a reparar. Si me voy a romper una pierna, pues me la parto, y ya, que aún me queda la otra y de alguna forma veré cómo resuelvo. Si las cosas me salen mal, pues no importa: de los errores se aprende, y lo importante de las caídas es cuando te levantas, y a seguir el camino, que nadie dijo que era fácil…

La vida no es fácil, pero tampoco es imposible. Enamorarse da miedo, pero vale la pena. Entregar tu corazón a alguien más es la vulnerabilidad en su máxima expresión, pero te hace sentir tan vivo que, una vez que lo haces, no te arrepientes de haberlo entregado.

Al fin y al cabo… *la vida da miedo, pero se trata de vivirla.*

Confesión número música inspirada en ti

Hice una lista de reproducción de canciones que me recuerdan a ti.
 Y ay, ay, ay, qué jodido estoy…
 Pero ay, ay, ay, ¡qué lindo se siente quererte!

Espacio en blanco para que por si acaso

¿Sabes? Estoy sintiendo más por ti en dos semanas de lo que sentí con ella en un año. Joder, me haces tan feliz que las letras no alcanzan para expresarlo. Pienso en tus manos suaves, en tu piel delicada, en tus labios adictivos, en tus ojos tan cálidos…

Solía creer que ella era el GRAN amor de mi vida, pero ahora comienzo a querer dejar ese puesto en blanco. No exactamente *para ti*, sino, ya sabes, para que por si acaso…

(Por si acaso quieres quedarte conmigo para siempre…)

Y (contigo) no quiero un final feliz, porque (contigo) no quiero un *final*. Contigo quiero un para siempre, pero de los más grandes de la historia.

Sin embargo, no te pediré que te quedes a mi lado eternamente, aunque te confieso que me gustaría que te quedaras conmigo al menos hasta que termine esta canción…

Y luego la que le sigue a esa, y a esa, y a esa, y a esa otra también…

No quiero atarte, ¿de acuerdo? Puedes irte cuando quieras.

Pero si no te quieres ir nunca, aquí hay suficiente chocolate caliente para los dos, una manta, y una lista larga de canciones que pienso que sonarían genial si las cantáramos juntos.

La tercera dimensión

En algún lugar debe haber una tercera dimensión en la que estamos con las personas que amamos. Estamos con ellas ahí siempre, en esa dimensión, aunque en esta no estemos próximos. Es como cuando acabas de estar con alguien, acabas de abrazarlo, de besarlo, de hacerle el amor, y de la nada sientes que estás lejos de esa persona y quieres volver a estar cerca porque la lejanía es demasiada, el vacío es demasiado, la distancia es demasiada, aunque segundos atrás fuera todo lo contrario.

Pienso que es ahí a donde vamos, a esa tercera dimensión, donde siempre estamos cerca, siempre estamos conectados, aunque físicamente no lo parezca.

Quizá se trate precisamente de eso, de que va más allá de algo físico...

La tercera dimensión debe ser algo así como espiritual, emocional, algo que llevamos muy dentro de nuestra alma y donde solo las personas que verdaderamente nos han marcado la vida han podido llegar.

Donde permanecen.

Donde permanecemos con ellas, así como ellas con nosotros, porque ahí los para siempre no son pequeños y el tiempo no existe.

Día 19

me enamoré de ti como un atardecer: lento, muy lento, con dulzura, con miles de colores, de emociones, de sensaciones, disfrutando *cada* segundo...
    pero, al fin y al cabo, *inevitable*.

Estrella fugaz (entre paréntesis)

de Mariposas rotas

Tengo una nueva musa
   (dos puntos)
   se llama tú

Suele encontrarme a media noche
entre las pestañas a punto de cerrar y
los pensamientos un poco suicidas
(punto y seguido
¿o punto y seguimos?)

Le gustan las conversaciones profundas
aunque no sabe cuándo las tiene
Sin embargo es muy buena en ellas
tanto que a veces la envidio
sin notarlo
(suspiro)

Me gusta su poesía porque
no rima
su música porque

no armoniza
su forma de hablar porque
es cacofónica
y sus constelaciones porque
son un melodrama

(punto y aparte aunque
punto pero no quiero que se aparte
de mí)

Cada vez que viene a mí
me dice que lo hace porque me
necesita
pero me parece que soy yo quien
más la necesita a ella aunque
ella misma no lo entienda porque
no habla el idioma
confesiones a las dos am
(inspiro suspiro y prosigo)

Y hablando de confesiones
aquí va otra:

me da miedo quererla porque
sé que lo más probable es que
se vaya tal como todos tal como mis
sonrisas tal como la vida:
como si nada

Ella dice que no
que se quedará a mi lado pero
sé que no será así

(suspiro parte dos
y continuamos
no te me vayas)

Entonces qué hago
me pregunté a las tres am
un día que se fue temprano para
poder llorar sin restricciones

(espacio obligatorio
para llenar las heridas de drama)

Nada
me respondí

Nada y solo disfrutar
de la luna que contemplo con ella
como si fuera la última copa que
compartiremos en la existencia porque
he entendido ahora
lo he acabado de entender:

la estrella fugaz es ella
y no esa a la que le hemos pedido un deseo
en toda esta oscuridad que nos envuelve
que a veces llamamos
vida.

Mis filosofías de vida

Tengo ciertas filosofías por las que me guío en mi día a día, en mi andar, en la vida, y te quiero contar las más resaltantes de ellas a través de frases en un primer lugar.

"Si la vida te da limones, comienza una empresa de limonadas. Patenta la marca, internacionalízate, gana mucho dinero y retírate joven. *Así de simple*." Connor Franta

"Si alguien puede hacerlo, yo también puedo. Si alguien no lo ha hecho, yo seré el primero en lograrlo." Proverbio japonés

"Vas al museo y ves el cuadro, pero no *eres* el cuadro." Julio Cortázar

"El viaje es demasiado corto como para no detenerse a mirar las flores." Anónimo

"Fuera de la música, todo, incluso la soledad y el éxtasis, es mentira. Ella es justamente ambos, pero mejorados." Emil Cioran

"Siempre es mejor actuar con confianza, no importa si es poca." Lillian Hellman

"Destacar solo lo hermoso me parece como un sistema matemático que solo se ocupa de los números positivos." Paul Klee

"Será necesario que soporte dos o tres orugas, si quiero conocer las mariposas." Antoine de Saint-Exupéry

"Un hombre con una idea nueva es un loco hasta que la idea triunfa." Mark Twain

"Una idea fija siempre parece una gran idea, no por ser grande, sino porque llena todo un cerebro." Jacinto Benavente

"Abraza cada pequeña parte de qué y quién eres, y preséntalo al mundo con el mayor y absoluto orgullo." Connor Franta

"Solo se ve bien con el corazón. Lo esencial es invisible para los ojos." Antoine de Saint-Exupéry

"Todos estamos en el mismo pozo, pero algunos lo hacemos mirando a las estrellas." Oscar Wilde

Hay otras cosas que forman parte de mis filosofías vitales, pero esas ya son personales y no tienen que ver con algo que haya leído por ahí. En primer lugar, está el entendimiento de que la vida se va a acabar, que nada es eterno, y que precisamente en eso está su belleza, en que, en vista de que tendrá un fin, hay que aprovecharla mientras este no llega.

En segundo lugar, está lo que te expliqué sobre mis libretas. Tengo varias, como ya sabes, en las que voy anotando cosas que se me ocurren, ideas para historias, poemas, frases, hechos que me parecen interesantes, incluso listas de cosas por hacer; y, en fin, el punto es que, llegado un momento, esas libretas se llenan, y tan llenas quedan que tengo que pasar a usar otras…

Cada vez que esto ocurre, lo juro, me da una nostalgia tremenda. Porque, sí, es genial que he terminado esa libreta, porque significa que he trabajado bastante y que ha sido un período productivo, pero al mismo tiempo es triste porque ella contiene muchos instantes felices, emotivos, muchas palabras salidas desde lo más vulnerable de mi alma, lágrimas transformadas en letras —he pasado buenos momentos con ella, desde los más alegres hasta los más tristes, y despedirse de algo tan glorioso como eso es jodidamente difícil.

Sin embargo, a pesar de lo difícil y triste que es despedirse de esa libreta, sé que debo estar feliz, porque el despedirme de ella significa (1) que viví muchas cosas *con* ella, a su lado, que *viví* mucho y ella es la prueba de eso, porque en ella están congelados esos momentos hermosos; y (2) que pronto vendrá otra libreta con la que haré nuevos momentos mágicos.

Y así me parece que es la vida en general. Habrá puertas que se cerrarán, meses que terminarán, años que culminarán, días buenos que finalizarán, al igual que momentos asombrosos, pero hay que concentrarnos en todo lo nuevo que vendrá, porque no se trata de revivir buenos momentos, sino de crear más.

Opino que es tonto renunciar a lo hermoso de la vida solo porque se puede acabar (solo porque *en algún momento se va a acabar*). Se trata precisamente de eso: si las cosas duran tan poco, ¿por qué no aprovecharlas al máximo? ¿Por qué no disfrutarlas? No disfrutar de algo porque se puede acabar me parece tan lógico como no vivir porque nos vamos a morir.

También pienso que las cosas buenas no pasan; *tú haces que pasen*. Pienso que las oportunidades no llegarán a ti, que tienes que ir a buscarlas, tocar puertas, caerte, fallar, romperte una pierna, y luego levantarte y seguir, porque nadie más lo hará por ti.

Opino que todas las personas merecen ser felices y que todos somos iguales. Pienso que somos más honestos en las madrugadas, y que las lágrimas no salen por debilidad, sino porque se ha pasado demasiado tiempo siendo fuerte.

Me parece que uno no puede ir por la vida con mente de perdedor, porque si uno no cree en sí mismo, ¿por qué alguien más debería hacerlo?

Y por último, creo que, antes de salvar a los demás, debemos (al menos intentar) salvarnos a nosotros mismos…

Y eso es todo.

Cómo hablo de ti

"Él es muy lindo. Es la persona más tierna y maravillosa el mundo. Siempre se preocupa por mí y es muy atento conmigo. Cuando tengo depresión, me dice que le escriba para hablarme y así ayudarme a pensar en otras cosas. Casi siempre sirve; él me hace muy feliz. Siempre busca la forma de comprenderme y es muy paciente. Él es… asombroso.

Es… el mejor chico del mundo.

Tengo suerte de haberlo encontrado…

O, más bien, de que *él me haya encontrado a mí.*"

PD: Lo estuve recapitulando y es así: fuiste tú quien me encontró a mí. Antes de ti, no me había sentido perdido, pero ahora que me encontraste, me parece que más bien estaría perdido sin ti…

Espero que eso nunca pase, que yo nunca esté perdido, que sigamos juntos, que me sigas queriendo…

Porque esto que siento en el pecho por ti, bueno, dudo que se vaya pronto —y solo espero que contigo pase lo mismo.

Gris

de Paleta de emociones

Las estrellas
  brillan más
  en casa

  a menos que ya no tengas casa

  porque entonces las estrellas
  ya no brillan
  nunca.

  PD: Por eso sé que hago bien al estar contigo, ¿entiendes?
  Porque, contigo, las estrellas siempre brillan más.

La fórmula del éxito

Te contaré algo de mí que creo que no sabías: antes, solía ir a patinar. Eran patines en línea, geniales, si me preguntabas, pero ellos tenían un detalle: no eran de mi talla. Eran más grandes, pero como yo quería patinar y no tenía más patines, los usaba. Al principio creí que esto no importaba, pero después me di cuenta de que al menos una pizca debía hacerlo… porque me caía demasiado para mi propio bienestar.

Sin embargo, este hecho fue bueno, a pesar de que parezca contradictorio.

¿Por qué?, te cuestionarás. Muy sencillo: porque ello me enseñó que caerme era algo normal.

Recuerdo que hace tiempo estaba muy cansado, venía saliendo de un autobús, y me caí mientras me bajaba de él. El pie me quedó doliendo un poco, no lo niego, pero lo que realmente me sorprendió de todo fue que, cuando levanté la vista, había un MONTÓN de gente mirándome. Yo no entendía qué era tan impresionante: simplemente me había caído, tal como cuando era un niño y me tropezaba y me caía porque era torpe, pero al parecer cuando creces las cosas cambian…

O, al menos, así lo ven la mayoría de las personas.

En ese momento, recordé cuando me caí una vez particular mientras patinaba. Me caí de frente, me raspé las rodillas, se me rompió esa parte del pantalón, y me dolía muchísimo. No obstante, ¿sabes qué hice? Me levanté y seguí patinando. Obviamente me limpié un poco la herida, para que no se infectara, pero seguí patinando porque, después de todo, eso me importaba mucho más que haberme raspado la rodilla.

La emoción de patinar me importaba más que haberme caído mientras lo hacía.

Y así fue cada vez que me caía: me levantaba. Ni siquiera me regañaba mentalmente por haberme caído; simplemente era como *bueno, ya sé qué no hacer para la próxima vez que pase por este lugar, por esta curva*. Nunca me sentí mal por caerme, ni me avergonzó ni mucho menos, porque yo entendía que caerme era algo normal, que inevitablemente iba a pasar una que otra vez, y que cuando eso ocurriera no sería el final del mundo: lo que tenía que hacer era levantarme, seguir andando e intentar no repetir ese error en el futuro.

De hecho, incluso si repetía ese error porque se me pasaba, no me regañaba —me decía *a levantarse y seguir*, porque lo importante es seguir, no haberse caído.

A veces pienso que cuando crecemos olvidamos esta clase de cosas, y por eso hoy te la estoy contando. Me gustaría que cada persona del mundo leyera esta nota para recordar eso, que es normal caerse, y que lo importante es continuar, no el haberse caído o cuántas personas te miraron estando en el piso.

Agradezco haberme caído tanto de niño, porque así entendí que no había nada de malo con ello, que no era algo de lo que avergonzarse, y que lo único que había que hacer cuando ocurría era levantarse y continuar.

Debido a que vivo en Venezuela, cosas que son accesibles en otros países aquí son un lujo o simplemente imposibles. Algunas de las cosas que he hecho en mi trayectoria como escritor entran en esa categoría (al menos, desde mi punto de vista), y hay personas que me han dicho que me admiran por haber llegado tan lejos, por haber seguido a pesar de todas las dificultades —incluso alguien me dijo que yo era la persona más exitosa que había conocido en toda su vida, cosa que, si bien me hizo pensar que quizá ese alguien no ha conocido a mucha gente, me halagó lo suficiente como para sacarme una sonrisa.

Y, pues, ahora voy a revelar mi grandísimo secreto, la fórmula mágica que he seguido para poder llegar hasta donde estoy hoy en día, los pasos que he seguido para poder llegar a El Verdadero Éxito:

Te caes. Te levantas. Sigues andando.

Y repites esto cuantas veces haga falta.

Raro

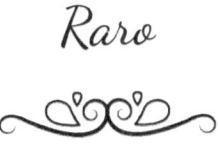

—¿Y el chico que te gusta?
—Es raro.
—¿En serio?
—La persona más rara que he conocido en toda mi vida.
—Eso es…
—Y es exactamente por eso que me enamoré tan perdidamente de él.

Nuncas y siempres

No me gusta eso de para siempres, porque me parece que eso es mucho, mucho tiempo. Sin embargo, cuando me enamoro tiendo a ser muy amante de los adverbios, sobre todo de los extremistas. *Quédate conmigo para siempre, nunca quise a nadie tanto como a ti, te quiero como si fuera a ser para siempre, te amo como si nunca fuera a dejar de hacerlo.*

Más que todo nuncas y siempres… ¿No soy el colmo de la ironía? No me gusta que me digan esas palabras, odio que me las prometan, pero internamente hacen ecos en mi cabeza una y otra vez cuando me enamoro: *contigo para siempre, contigo hasta nunca jamás, contigo siempre, te amo como nunca.*

Y bueno, te seré honesto: contigo *sí* quiero un para siempre, aunque suene cursi, apresurado y fantasioso. Contigo quiero un para siempre, aunque el siquiera pensarlo me delate como el enamorado más cliché de la historia. Contigo quiero un para siempre, y no me importa que suene como mucho, mucho tiempo, porque contigo lo que quiero es eso: *mucho, mucho tiempo*, como si las canciones nunca se fueran a acabar y como si las armonías fueran a resonar en mi pecho con cada uno de mis latidos.

Contigo quiero un para siempre, y solo espero que tú también quieras uno conmigo.

Zorro

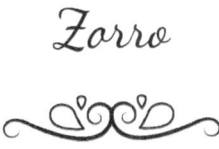

Pienso que cada persona tiene algo que es muy suyo, muy propio de él. No me refiero a obsesiones, sino algo con lo que tenemos una profunda fascinación, y que ya tan costumbre es que la tengamos que se ha vuelto parte de nosotros. Se ha vuelto algo característico de quienes somos, de nuestro ser.

Hablaré de mi caso particular: tengo una fascinación enorme por las estrellas. Constelaciones, nebulosas, galaxias, las noches estrelladas. También la luna y los lunares. Y las pecas. Las flores, las mariposas, las luciérnagas, las aves... No sé por qué, pero es así. Tengo una fascinación por todo esto y, aunque no entiendo el motivo, sigue pasando.

Y pienso que es maravilloso.

Creo que has notado que en muchos de mis poemas hablo de estrellas, constelaciones, galaxias, la luna, lunares y pecas. (Si quieres un ejemplo más claro que el agua, lee *Constelación de lunares*. Creo que el título ya lo dice todo.) Se debe a eso, a que tengo una fascinación marcadísima con esas cosas, aunque no entienda por qué.

Tengo un personaje que tiene una fascinación increíble por el cereal (Westley, de *Más que solo amigos*). Tengo otro que ha estado buscando toda su vida a una estrella (Garret, de *Estrella de ojos azules*). Tengo otro que quiere poder sentir la poesía (Daniel, de *Homely*) y otro que quiere saber qué es un hogar (Nathan, de *Homeless*). No te hablaré de todos los personajes que tengo que han querido hacer algo o que pasan toda una historia buscando algo (creo que no terminaría), pero mi punto es que todos ellos tienen ese algo que los caracteriza de manera particular, y eso me parece hermoso.

Mi hermana ama dibujar árboles. Creo que también le gustan las hadas. Tengo muchos recuerdos de ella dibujando hadas. Llegaba un momento en el que veía hadas y pensaba en ella, porque sabía que le gustaba dibujarlas. Hay una mujer que conozco a que le encanta dibujar zorros. He visto varios de sus dibujos, pero los que veo más frecuentemente son zorros. Y le quedan bellísimos. Pienso que no hay mejor persona en el mundo dibujando zorros que ella; se nota que le encanta dibujarlos.

¿Por qué? No lo sé. Pero ese no es el punto.

Creo que si cualquier persona ve que dibuja tantos zorros, con tanta frecuencia, podría pensar que esa mujer está un poco loca. ¿Por qué no dibuja otras cosas, si sabe hacerlo, si puede hacerlo, si es libre para hacerlo?

Por la cosa más sencilla del mundo: porque a ella le gusta dibujar zorros. ¿Por qué más alguien dibujaría tantos zorros, si no es porque le gusta? No hay ninguna otra explicación: ella tiene para escoger miles de millones de cosas para dibujar, pero dibuja zorros porque eso la hace feliz. Y eso está bien. Es asombroso. Pienso que todos deberíamos encontrar ese zorro que tanto nos guste y dibujarlo lo más que podamos, porque si nuestra felicidad está ahí, ¿por qué no hacerlo? ¿Por qué dibujar otra cosa?

Cualquier persona podría pensar que ella es una loca por dibujar tantos zorros, pero ella solo está siendo feliz. Cualquier persona podría pensar que ella es una loca, pero no está loca: simplemente le gustan los zorros. Le gusta dibujarlos. No hay nada de malo con eso.

PD: Lo que quiero decir con esta nota es que tal vez muchos nos califiquen de locos cuando vean que tenemos una fascinación muy marcada por nuestro zorro personal, pero: (1) no estamos locos; solo nos gusta nuestro zorro, nos gusta dibujarlo, nos gusta ser felices y ese zorro forma parte de esa felicidad.

(2) Ese zorro, la fascinación que tenemos por él, es parte de quienes somos, nos caracteriza, nos diferencia de los demás, es parte de lo que somos. Que dejemos esa fascinación por ese zorro sería como dejar de ser nosotros mismos, y pedirle a alguien que haga eso no es más que una tortura y una absoluta maldad.

(3) No tenemos que avergonzarnos de qué clase de zorro nos guste, o qué sea ese zorro para cada uno de nosotros, porque todas las personas, todas y cada una, tienen uno que aman dibujar.

Dos mitades de una noche estrellada

pensar que estás tan cerca de mí
y a la vez tan lejos
le hace daño a mi respiración.
ven, acércate un poco más y
déjame abrazarte como si nunca
te hubieran reparado con una
sonrisa.
ven, acércate un poco más y
déjame protegerte tanto como
sin notarlo
me proteges a mí.

(…)

te fuiste hace cinco segundos pero,
joder, ya te extraño un montón.
me dueles aquí, en la esquina del pecho,
donde se juntan mi alegría y mis
ganas de llorar.
me dueles aquí, en la esquina del pecho,
donde desearía que estuvieras y no
al otro lado del
mundo.

(…)

sé que es apresurado, pero…
¿y si te quedas conmigo
para siempre?
podríamos nombrar todas las estrellas
que quisieras y, así, de a poco y entre risas,
entre abrazos, entre besos,
entre suspiros de idiotas enamorados,
llegaríamos hasta nunca jamás y…

(…)

y no sé tú, querido mío,
pero eso a mí
me suena tentador.

(…)

y no sé tú, querido mío, pero

te quiero más que ayer y
un poco menos que
mañana.

Demasiado demasiado y una confesión sonrojada

Quiero dedicarte mil canciones cursis, quiero dedicarte mis poemas favoritos, quiero dedicarte las sinfonías más hermosas del mundo, quiero dedicarte todo lo precioso, porque te lo mereces, porque me recuerda a ti, porque me haces feliz.

¿Estoy siendo demasiado demasiado? Me preocupa asustarte, que creas que soy un loco obsesivo cuando no es nada de eso, pero te juro que pienso en arte y lo primero que se me viene a la mente eres tú.

Y, ¿recuerdas cuando te dije que no quería mostrarte algunos poemas que te había escrito, y tú bromeaste, diciendo *es que son muy apasionados, amor, así que entiendo que todavía no me lo quieras mostrar…*? Pues sí, uno de los poemas que te escribí es erótico (o lo que sería erótico en mi mundo, que es tan pero tan sutil que quizá ni raya en lo erótico para el resto del mundo), y por eso no te lo quiero mostrar, porque de verdad que es demasiado pronto, aunque lo nuestro, según lo que parece, no será una estrella fugaz…

Pero, en fin, tú entiendes mi punto. Quizá algún día te lo muestre, al igual que todas estas páginas que escribo para ti, por ti, pensando en ti, pero ese día no será hoy y eso es lo importante.

(Por favor, quédate lo suficiente como para que me provoque

mostrarte el poema, y también quédate después de verlo. Si quieres te escribo bibliotecas enteras, pero, por lo que más quieras, no dejes de ser mi musa, de ser parte de mi mundo, de ser la estrella más brillante en mi galaxia y mi galaxia entera cuando sonríes, cuando existes, cuando eres tú y con eso basta para robarme el corazón.)

Maniquíes

¿Alguna vez te has puesto a pensar en lo ridículos que se ven los maniquíes? No me refiero a los serios; hablo de los que hacen poses estúpidas y tienen más atributos que una operada más millonaria que un banco.

Eso sin mencionar la ropa extraña que usan, por supuesto. Y no, no hablo de las prendas que les ponen a la fuerza según la conveniencia de la tienda en particular, sino de que a veces ves la ropa que los maniquíes usan y te parece que no le quedará bien a nadie en la faz de la Tierra.

Es decir, le queda mal al maniquí, y si así de mal le queda a él, que teóricamente es perfecto, imagina a una persona de carne y hueso. Se verá peor que con un saco de papas —porque al menos al maniquí le luce solo porque es un maniquí y por sus medidas exageradas y completamente falsas, no en sí porque el saco de papas sea lindo o lo que sea…

Como sea, ahora que he mencionado las medidas exageradas, quiero hablar un poco de ellas. ¿Por qué le ponen medidas tan exageradas a los maniquíes? Es obvio que nadie luce así en la vida real, y más bien me parece una burla, porque imagina alguien que no sabe mucho de nada, ve un maniquí luciendo un vestido y piensa que le quedará igual. Es más que claro que no lo hará, que esa persona estará decepcionada del vendedor, que estará insatisfecha con su compra y, más importante que eso, con los maniquíes; no confiará en ellos de ahí en adelante, así como creo que ya nadie lo hace.

Y ahora, he aquí una duda que me ha inquietado toda la vida: ¿por qué hacen maniquíes femeninos con los pezones erectos? ¿Es como para demostrarle a la gente cómo se vería si usa esa cierta prenda de ropa con el pezón erecto? Porque es obvio cómo se va a ver: como que tiene el pezón erecto —no hay más que agregar aquí. No se va a ver *sexy* o *se va a poder tapar* o lo que sea; si tienes el pezón erecto, lo tienes y ya, y no podrás ocultarlo porque así es la vida.

Tampoco entiendo por qué ponen a los maniquíes masculinos con tantos abdominales marcados. La mayoría de los chicos que (posiblemente) compren esa camisa no tendrán esos abdominales, y si los tienen, probablemente no usarán mucho la camisa, porque querrán que se les vean los abdominales. Por el otro lado, si usan la camisa con los abdominales, estos no se verán porque la prenda de ropa los cubre, así que no le veo mucho sentido del todo, ¿comprendes?

Sin embargo, los maniquíes más tristes de todos, a mi parecer, son los que no se encuentran tras vitrinas. Y no, no estoy hablando de los que están en el mostrador o al frente de la tienda —hablo de los que viven entre nosotros y no parecen maniquíes de lo reales que se ven.

Con tanto maquillaje, prendas costosas, miradas penetrantes, poses elocuentes… no parecen maniquíes pero, tras hablar con ellos (o, más bien, *intentarlo*), te das cuenta de que no son humanos. Al menos, no del todo.

O, bueno, más que eso, es que *no viven realmente*. Interpretan una fantasía sin sentido, y lo más lamentable de todo es que la posan, la modelan, y creen que eso es una vida de verdad.

La fingen para una vitrina que no existe, para impresionar a un público que no se interesa en ellos, para convencerlo de algo falso y que ni siquiera importa porque, ¿de qué sirve que te veas tan hermoso, feliz y perfecto, si esa hermosura es plástica, la felicidad es falsa y esa perfección no es sino una ilusión?

O, bueno, veámoslo desde otro punto: es genial que seas un maniquí.

En serio. Pero mi pregunta es, ¿por qué te enorgulleces de serlo, si al fin y al cabo estás vacío?

No sé cómo querer

No sé muy bien cómo querer, pero te prometo que, si te quedas conmigo, haré lo mejor que pueda, te recitaré poemas todos los días, te dedicaré mis canciones favoritas, las que pienso que te describen mejor que tu nombre, y te prepararé café con casi tanta azúcar como la que tienes en los ojos.

¿O no te gusta el café? Está bien. Podríamos preparar tés, o lo que sea que me digas que te gusta, con tal que sea juntos…

Así que, ¿qué dices? ¿Me tomas la mano y creamos nuestro propio fuerte bajo el árbol, o le cortamos las alas a esta pobre mariposa que aún no ha volado por primera vez?

Escritura feliz

Solía escribir cuando estaba triste. Lo hacía para desahogarme, para sacar cosas pesadas de mi pecho, para quitármelas de la espalda, pero después me di cuenta de que todos (si no la mayoría) de mis escritos eran tristes. Poemas, relatos, ensayos... todo era triste, pero no se me había pasado por la mente cómo cambiar eso.

Un día recibí una llamada en mi casa, y podría decirse que algo así como que me cambió la vida. No, no era la lotería ni una universidad de otro país que me estaba ofreciendo una beca, pero debo admitir que mi emoción fue bastante parecida.

Era un concurso de poesía. Me dijeron que había quedado en el séptimo lugar, y si bien no era el primero, se sentía como estar en las nubes. Recuerdo que para ese entonces no me tomaba en serio la poesía. No tengo ni idea de por qué esto ocurría; simplemente era así, punto y final.

Por ello era que ganar el séptimo lugar era TAN sorprendente: gané uno de los diez primeros lugares de un concurso, y ni siquiera me tomaba en serio lo que hacía.

(Obviamente, después mi mente cambió y me di cuenta de lo poderosa y mágica que era la poesía, pero tenía catorce o quince años en ese entonces, así que podría decirse que es comprensible... *o algo así.*)

Como sea, el punto es que me llamaron. Mi hermana también quedó entre los primeros diez puestos (Quedó de quinta, y ella se tomaba la poesía incluso menos en serio que yo. ¿Será ese el truco para ganar algo, el no tomártelo en serio? Tal vez lo ponga en práctica luego), así que ambos fuimos a buscar juntos los premios que nos correspondían en el sitio que había organizado el concurso.

(Los premios en realidad tampoco eran la gran cosa. El único premio en metálico que había era para el primer lugar, y ese chico se tomó todavía menos en serio el concurso, y tan así era que sus poemas no parecían *poemas*.

Repito: ¿será que el truco para ganar algo reside en tomártelo a la ligera? Como que de verdad comenzaré a ponerlo en práctica…)

Después de que nos dieran los lotes de libros que eran nuestros premios, además, obviamente, de un certificado, escuchamos unos discursos de varias personas. Uno de ellos lo dio un señor mayor, de esos que aunque son ancianos parecen tener más energía que uno mismo, y en él recomendó que escribiéramos a toda hora.

Se tiene la concepción de que hay que escribir cuando se está triste, pero eso no es así. Hay que escribir cuando se está feliz, alegre, nostálgico, enojado… Se debe escribir siempre, porque la escritura no es exclusiva para la tristeza.

En su momento, me pareció una tontería. Como ya te conté, yo escribía más que todo para desahogarme, así que era de esperarse que no estuviera de acuerdo con sus palabras. Agregado a eso, mi lógica era bastante interesante: *¿para qué voy a escribir mientras esté feliz, en lugar de celebrar con mis amigos esa felicidad? ¿Por qué si estoy feliz voy a escribir sobre ello, en vez de disfrutar ese momento de felicidad al máximo? Cuando estoy feliz, lo que pienso es que estoy feliz, no que tengo que escribir; es una cosa demasiado obvia para la vida.*

Sí, como ves… desde siempre he sido una persona *peculiar*.

En fin, el meollo del asunto es que años después me di cuenta de que ese señor tenía razón —y la prueba es este libro. Quise escribirlo para congelar momentos, emociones, sentimientos, palabras, para poder mirarlos y revivirlos cuando quisiera, sin importar cuántos años hayan pasado desde que se forjaron por primera vez.

¿No es irónico? El señor dijo eso hace años, y no le presté atención porque me parecía tonto, pero hoy en día es algo que pongo en práctica tanto como puedo porque me parece un principio muy hermoso.

Me pregunto cuántas otras cosas felices habría escrito de haberle prestado atención a ese señor antes… o si simplemente era algo que tenía que aprender en mi propia piel.

Preguntas, preguntas, preguntas… Supongo que algún día llegarán las respuestas.

Sin música de fondo, por favor

Hay piezas musicales que escuchas que ejecutan, y cuando terminan, juras por todo lo sagrado que tienes que estás enamorado profundamente de la persona que la tocó. Sin embargo, después de unas horas, te das cuenta de que en realidad la magia no estaba en la persona que tocó la pieza, sino en la pieza en sí, en la música, en las notas…

Contigo no es así. La magia contigo está *en ti*, no en la música que suena alrededor de nosotros cuando nos vemos.

Cuando *te* veo…

Contigo no necesito música de fondo, no necesito *soundtrack* sonando al final.

Contigo, simplemente con tu presencia es suficiente. Contigo, simplemente siendo tú basta para que me causes una estampida colosal de mariposas de imbécil enamorado en el estómago.

Y después del primer beso… fue *como guao, lo amo y no hubo música sonando al fondo. No hay ninguna canción sonando y todavía lo amo, porque lo amo de verdad, no solo a la magia que siento cuando la música está encendida.*

Te amo con o sin música, y aunque preferiría que hubiera música siempre, porque todo con música siempre es mejor, ya no me preocupo por si no la hay cuando estoy a tu lado.

Después de todo, cuando se trata de ti, *no la necesito*.

Ramé (parte 1)

de Fall for the both of us to stay in forever

sé amable y delicado;
 abrázame con suavidad.
 sé tierno y gentil;
 bésame con la misma dulzura
 con la que me derrites por dentro
 cada vez que me miras.

 sostenme con gracia,
 ámame lentamente,
 como si fuera a ser para siempre y
 con la convicción de que así
 será.

 suspírame los lunares,
 trázame los pentagramas.
 muérdeme las pestañas;
 píntame melodías coloridas
 con las yemas de tus flores,
 con los jardines de tu espalda,
 con los pétalos de tus risas.

Ramé (parte 1)

hazme sentir que cuando tu mano
se posa sobre la mía, ya no estoy
en la tierra.
hazme sentir que cuando nuestros ojos
se encuentran,
finalmente he vuelto a
casa.

Cosas (ir)relevantes y no hacer nada

Todo es relativo.

Te dije hace tiempo que me parecía que *las cosas importantes* era algo muy subjetivo, porque algo importante para ti puede ser hablar sobre un problema con tus padres, o simplemente hablar de tu perro, un álbum nuevo, un poema, en un momento determinado.

Me parece que las cosas relevantes dependen de la persona de quien se trate en cuestión, además del momento en el que se planteen, se observen y se cuenten.

Toda la vida creí que yo estaba mal, porque para mí eran importantes cosas que para los demás no lo eran ni de chiste, pero ahora me estoy dando a mí mismo una oportunidad.

(Le estoy dando a mi arte una oportunidad porque me gusta cuando otros artistas le dan una oportunidad a su arte. Es loco pensar cómo para ellos mismos a veces una cierta obra es simplemente *una obra más*, cuando para algunos de sus espectadores esa misma obra es una salvación, un *no estoy solo en el mundo*, un abrazo reconfortante, el mundo entero.

Por eso le doy una oportunidad a lo que pasa en mi cabeza, porque me digo que quizá para otra persona sea significativo, aunque para mí no parezcan más que tonterías debido a todo lo que me ha dicho la sociedad.)

Mi vida entera creí que la inteligencia era una verdad absoluta, una experiencia extremista. ¿Eres inteligente por saber matemáticas, o por entender las metáforas de un libro? ¿Eres inteligente por hablar tres idiomas, o por saber de astrofísica?

Este tema es muy interesante y complejo, debido a los conceptos de inteligencia que la sociedad nos ha metido en la cabeza desde siempre. Todo en la vida es estereotipos, cánones, moldes prefabricados, y tan acostumbrados a todo esto estamos, que llegamos a creer que es la verdad absoluta, cuando la realidad está muy lejos de allí…

(Sin embargo, no hablaré al respecto en esta nota, porque en dicho caso sería demasiado larga, y, principalmente, porque no es de lo que trata en sí.)

El ser humano necesita descansos para retomar energías. Trabajamos, pensamos, nos esforzamos, pero necesitamos descansos tanto como necesitamos comer. El detalle está en que muchas personas no entienden esta verdad, y por ello es que siempre están agotadas, porque no respetan los límites que tienen…

Y, bueno, no te diré que quiero que todos mis descansos sean *contigo*, pero sí te diré que quiero descansar *en ti* (aunque eso es algo que *ya* hago.

Eres como esa casa con chocolate caliente y chimenea a la que regreso al final del día, día tras día. Eres ese sitio en el que puedo ser todo lo imperfecto que realmente soy, en el que no tengo que ser más que yo para que esté bien, para que sea suficiente…)

(Volviendo al tema principal:)

Las cosas relevantes. ¿Qué es lo que podemos llamar verdaderamente relevante si, al fin y al cabo, vemos el mundo a través de nuestros ojos, es decir, de forma completamente subjetiva? Lo que es importante para mí, puede que no lo sea para ti, y eso está bien; nadie está equivocado, sino que, por el contrario, el camino de cada persona es diferente.

Desearía haber comprendido esto hace años, porque me habría

ahorrado muchas confusiones y depresiones. Desearía que alguien me hubiera dicho que estaba bien que no quisiera algo que muchos querían porque, después de todo, yo no era igual a ellos.

Y, pues, como estoy hablando de cosas irrelevantes pero que en realidad son relevantes para mí, necesito hablar de las mayúsculas.

A veces necesitamos mayúsculas más grandes para expresar lo que sentimos, pero otras veces hasta las minúsculas se ven como exageradas.

¿No es eso una locura?

Contigo quiero mayúsculas, las subidas en la montaña rusa, la adrenalina corriéndome por las venas, pero también quiero minúsculas, quiero calmas, quiero silencios cómodos en los que simplemente estando juntos baste.

Quiero que nos acostemos al lado del otro en una cama, que oigamos música toda la tarde, que cantemos juntos, sin más. Quiero sentarme a tu lado en el sofá, que nos tomemos la mano mientras hablamos de tonterías, *y ya*.

Quiero tiempo para perderlo (que no es *perderlo*, pero es como la gente lo llama debido a la vida tan apresurada que nos estamos acostumbrando a vivir este siglo). Quiero tiempo para no hacer nada, para solo *estar* contigo, para solo *ser* a tu lado.

Una vez leí una frase que decía: *El viaje es demasiado rápido como para no detenerse a mirar las flores.*

Y eso es lo que quiero contigo: detenerme a mirar las flores. Respirar. Ver la lluvia. Reír como si no hubiera un mañana. Cantar como un par de locos. Hablar de poesía, de ciencias, de filosofía. Que me des discursos de matemáticas y yo a ti de la importancia del arte.

Las calmas de la montaña rusa. Los *pianos* de las sinfonías. Las letras minúsculas. Los simplemente dormir, porque con eso es suficiente…

Contigo quiero todo, desde lo más complejo hasta lo más simple.

Contigo quiero todo, y sé que será maravilloso *simplemente* porque se trata de ti.

Petricor

me gusta el olor de la lluvia, el del café, el del chocolate caliente y también me gusta el tuyo. me gusta tu cabello rebelde, y cómo te ves en azul marino. me gusta cómo los ojos se te ponen como rendijas cuando te ríes, y amo tanto esa risa que, lo juro, me suena más a magia pura que cualquier show del mejor mago del mundo.
(…)
y cada vez que me besas, sonrío como un tonto que acaba de darse cuenta de que se ganó la lotería.
(porque *lo hice*.
lo hice y lo recuerdo *cada vez que pienso en ti*.)
(…)
y no puedo verme a mí mismo cuando te miro, pero estoy más que seguro de que parezco un completo bobo enamorado (de ti) a más no poder. y es que no, no es mentira, pero me causa gracia pensar que mis ojos probablemente dicen más que mi boca cuando se trata de expresar cuánto te quiero, o todo lo que significas para mí.
(…)
contigo, quiero las cosas con calma. los besos lentos, las manos suaves, los abrazos tiernos, los *adagios dolces*, los *siempre piano*…
¿para qué apresurarnos si, al fin y al cabo, tenemos toda la vida para estar juntos?

Post-modernidad

Hace poco estaba leyendo algo de Sociología de la Educación (mi materia favorita de este semestre, por cierto), y en la parte específica que leía decía que hay dos fenómenos que nos influyen mucho en la actualidad en todos los ámbitos de nuestras vidas. Te mostraré lo que más me gustó de un ensayo que tuve que hacer al respecto porque me parece demasiado importante como para no hacerlo:

"La sociología actual es diferente de toda la historia por dos fenómenos: la globalización y la post-modernidad. Estos han afectado la vida diaria en todos los ámbitos, y como consecuencia, tenemos una sociedad transformada. Castells lo estudió en su libro *La era de la Información, Economía, Sociedad y Cultura*. Estudió la sociedad post-industrial y cómo la revolución industrial (y tecnológica) ha cambiado todos los aspectos de la vida.

Los avances y cambios se observan más que todo en la parte económica, pero esta a su vez se refleja en todos los demás ámbitos, como el ideológico, cultural, social y tecnológico. Como lo dice Hernández de Dolara (2005), "En la primera mitad del siglo XX, la innovación se centra en avances científicos y tecnológicos, pero después de la segunda guerra mundial en el manejo y producción de conocimiento e información. Estos se convierten entonces en los elementos fundamentales de segmentación de riqueza y poder dentro de la sociedad, construyéndose en la principal materia prima que impulsa el crecimiento económico."

Lo más importante de esta revolución post-industrial, además del hecho de que el conocimiento y la información representan las verdaderas riquezas, es que todos los sectores están interconectados. Esto obliga a que haya más organización en cuanto a los procesos de innovación y acumulación de conocimientos de información, insertándolos en la cultura. A su vez, esto ha logrado borrar barreras que antes estaban presentes y distanciaban en demasía sectores.

"La actividad humana y los recursos es dedicada a actividades no productivas, produciéndose un decrecimiento de la producción de bienes materiales", afirma Hernández de Dolara (2005). ¿Esto significa que han dejado de producirse avances, o que hemos ido retrocediendo? Nada que ver; lo que esto quiere decir es que los bienes han sido mayoritariamente sociales, filosóficos, informativos, culturales, de conocimientos, tal como se señaló en los dos últimos párrafos.

Esto lo que da como resultado es que quienes estén al poder sean las personas instruidas, que posean este conocimiento e información, y que quienes no las posean queden siendo consumidores, espectadores, entes pasivos. Sin embargo, esto es relativo, ya que en el interior todos somos consumidores de una u otra manera (después de todo, leer libros es consumir información, por poner el ejemplo más simple), lo que nos refleja que el mundo actual no es tan blanco y negro como en épocas anteriores.

Cabe destacar que este conocimiento e información puede ser de diferentes ramas, no de una en específico solamente, y esto lo que trae como resultado es lo que plantea Hernández de Dolara (2005) al decir que "Las nuevas estructuras generan nuevas dinámicas sociales y nuevos centros de conflictos y poder." Toda esta información y conocimientos sobre diversos temas lo que trae consigo es la creatividad y competitividad productiva, puesto que, en vista de que hay tanta variedad por doquier, es eso mismo lo que se ve en el mercado: innovaciones, creatividad y variedad. De esta misma manera, como hay tantas posibilidades hoy en día, técnicamente "todos pueden", lo que obliga a buscar la excelencia para poder resaltar y causar un verdadero impacto, cambio o la permanencia en el mercado.

(…)

El otro factor que ha influido en esta reconstrucción ha sido la post-modernidad. Esta se puede definir como la etapa posterior al modernismo, pero es algo más complejo que solo un epíteto que viene dado por deducciones lógicas. La post-modernidad está caracterizada por la muerte de los absolutos, la inmediatez como filosofía (vivir en el ahora, en el ya), y esto a su vez ha producido un excesivo individualismo y, por consiguiente, superficialidad en las interrelaciones sociales. Sin embargo, algo bueno que sobresale de este fenómeno es el hecho de que hay mucha aceptación de la diversidad."

(Este último párrafo era el que en realidad quería mostrarte, porque quería hablar de él de manera más extendida, pero también coloqué lo otro porque me parecen hechos demasiado emocionantes. O, bueno, no sé tú, pero a mí me emocionan, me parecen importantes, y por ello es que lo coloco en este libro.)

Muy bien, he aquí el supuesto que más me causa inquietud: *vivimos en una sociedad con un excesivo individualismo y, por consiguiente, con superficialidad en las relaciones sociales.* Al principio me pareció que la idea era absurda (supongo que soy muy *millennial*, lo siento), después de pensarlo me pareció que quizá tenía un poco de lógica.

Las redes sociales. Un *mal necesario*, algo de lo que, aunque intentes huir, vas a usar en la actualidad. Creo que el hecho de que existan es una de las características más marcadas de esta época. Las generaciones futuras podrán documentar TODA su vida a través de fotos, comentarios y publicaciones en redes sociales, y lo que nos quedará será ver si esto tiene efectos positivos o negativos. Sé que las redes sociales no son malas, que su función es conectarnos más con personas, pero creo que es más que bien sabido por todos que a veces se nos va la mano y, por el contrario, gracias a ellas terminamos alejándonos de otras, debido a que nos enfrascamos en ellas (en las redes sociales) y dejamos de lado todo lo que tenemos al alcance de la mano.

(Obviamente este tema es más profundo y complejo, así que lo dejaré por los momentos.)

Colon y otros (1991) lo establecen de la siguiente manera: "el individuo se ha convertido en alguien capaz de construirse en la exclusión y el dominio del otro, desarrollándose un juego de máscaras, una sociedad carnavalesca, donde no se dan auténticas relaciones." Esto me parece triste, pero al mismo tiempo me hace pensar que tal vez es por ello que la honestidad nos parece tan practicularmente resaltante hoy en día, porque estamos tan cansados de las máscaras y la falsedad que cuando vemos a alguien diciendo la verdad, aunque duela, aunque sea áspera, frágil y abrumadora, inevitablemente llama nuestra atención.

Pienso que en momentos como estos es cuando el arte es un bote salvavidas, porque él se trata de honestidad, de decir las cosas aunque duelan (no de ser bonito, como muchos erróneamente piensan) y que por ello en la actualidad es tan importante, porque puede ser lo único real en este mundo de máscaras, espejismos y sonrisas falsas.

Sempiterno por defecto (o, al menos, eso quiero)

Me puse a pensar en la locura que es escribir todas estas cosas, y me pregunté hasta qué punto llegaría, dónde lo terminaría, cómo sería el final. Porque el punto es que toda canción, poema, frase, historia, lo que sea, todo tiene un final, lo que significa que esto también lo tendrá, y eso me dio miedo porque, como ya te lo he mencionado, contigo no quiero *ninguna* clase de final…

Así que… sí, esto que estoy escribiendo es como lo que tenemos: tiene un inicio, comienza en algún punto, pero no sabes hasta dónde llegará, dónde finalizará, cómo, con qué, o siquiera el porqué.
Contigo, querida petunia, no quiero finales, así que tal vez haga eso mismo con este libro: *no le escribiré un final*. Dejaré que todo fluya, que todo avance, que las alas vuelen, y sí, habrá un momento en el que terminará (este libro), pero en realidad no será *el final*, sino que simplemente será *el momento en el que dejaré de contar la historia*.

(…)

No te extrañes por cómo llegue a terminar este libro. Sea como sea que termine, no será su final real; será simplemente un punto en el que callaré, en el que no diré más, pero eso no significa que tras puertas no ocurra nada, que detrás de ese horizonte ya se haya ocultado el sol.

No te extrañes si un día me voy, porque no será para siempre. No te extrañes si un día no me ves, porque créeme que volveré a ti. No te extrañes si un día no te escribo más poemas, porque el que no los escriba no quiere decir que no los sienta.

No te extrañes por cómo termine este libro, porque ese, en definitiva, no será su final.

Escritor por derecho de musas y no de puño y letra

de Acuarela de pétalos frágiles

si les llamas tus poemas
   a todos los que he escrito para ti,
   pronto me quedaré sin papeles y
   el escritor pasarás a haber sido
   tú
   y nunca yo.

Depresión

Mi cerebro no funciona de la misma manera que otros días; hoy está más lento, más difuso, lleno de niebla y sin esperanzas de que deje de estar así. Pensar me cuesta, razonar supone un reto para mí, y darme cuenta de las cosas más obvias me toma tanto tiempo que es desesperante.

Mi mamá se enoja conmigo en días como estos, porque cree que lo hago a propósito, que elijo estar así, pero la verdad está muy alejada de allí. ¿Por qué decidiría entrar en este estado? ¿Por qué querría que mi mente fuera un laberinto del que ni yo mismo encuentro salida? Aunque en realidad la comprendo, porque sé que adquiero un ritmo tan ralentizado que cualquiera creería que es broma…

Pero no, no es una broma. Tener depresión no es una broma.

No poder dejar de sentirme así no es una broma.

Mis ojos están apagados, y la sonrisa de mi rostro ha sido más que borrada. Mi expresión es como una hoja en blanco, llena de nada, y justo así se siente mi pecho: *vacío*.

Lo peor de los días, los momentos como este, es que no puedo hacer nada para remediarlo. No hay un elixir mágico que cure la depresión; lo único que puedo y debo hacer es esperar, esperar que pase, esperar que se me pase, esperar a volver a sentirme vivo otra vez.

Mis pasos son faltos de coordinación, las risas son un espejismo lejano, y lo que ocupa por completo mi mente son las incontenibles ganas que tengo de llorar. Sin embargo, esta vez ese llanto se me hace más doloroso que otros días, porque no sale, las lágrimas no salen de mis ojos, pero siguen quemándolos con tanta intensidad como si sí lo hicieran, o me atrevo a decir que incluso más.

Sí, es definitivo: las lágrimas que no salen queman más que las que ya cayeron en el suelo.

Me siento tan cansado, tan agotado, tan destrozado por la vida, que lo que mi mente dice que necesito es una pausa. Que todo se detenga. Que ya pare lo que ocurre en mi interior.

O solo... *un abrazo.*

Anillos, matemática básica y no sé qué

No sé exactamente qué es esto, pero quiero que sea como un álbum fotográfico. Quiero fotografiar cada cosa vivida contigo, cada cosa que me haces sentir, las cosas que pienso mientras te dibujo con mi mente, y en vista de que no tengo ninguna cámara, no me queda más que retratarlo con palabras.

(*No me queda más que retratarte con palabras.*)

Quiero fotografiar todo lo que vivo contigo, todo lo que me haces sentir, porque quiero que todas esas experiencias sean eternas aunque sea en papel, aunque sea por un momento. Quiero inmortalizar todo, congelar lo que vivimos, poder vivir en ello para siempre, pero como sé que no se puede de forma literal, se me ocurre que de forma literaria valdría la pena intentarlo.

No sé en qué orden coloque las fotografías en el álbum, y honestamente tampoco me importa: al fin y al cabo, como dicen en matemáticas, el orden de los factores no altera el producto.

(No altera el producto de este álbum.

No altera el producto de este para siempre.)

Que la gente que lea esto decida la sucesión de los escritos; después de todo, el inicio real fue un simple hola, que no dice más que un hola, lo que en realidad no dice nada, y el final real no estará plasmado aquí, por lo que eso del orden de los factores no importa, sino, en cambio, que existieron, que existen, y que ahora viven eternamente en tinta y letras color emociones.

Quizá nuestra historia es como un anillo, y por eso no puedes ver su principio ni su final. Tal vez nuestra historia es como un anillo, y por eso lo que importa no es dónde comienza o dónde termina, sino lo que está en el medio, la existencia plena, la realidad tan vívida, los colores puros, y… que no es simplemente un sueño.

Día 22

te quiero más que ayer y un poco menos que mañana.
no sé cómo le haces para tenerme pensando tanto en ti, pero te lo agradezco: es de las cosas más ligeras, suaves y que más disfruto en la existencia.
(…)
sé que es tonto soñar con para siempre, pero contigo quiero unos cuantos de esos. o quizá mucho más que *solo* unos cuantos…
(aunque no soy más que un tonto enamorado con muchas cursilerías en el pecho. y tú, como es obvio, no ayudas con eso, porque te veo y lo que se me vienen a la mente son mil estrellas por tocar…)
(…)
eres como una canción que repito a cada rato porque así de mucho me gusta.
(querido Inmortal: *así de mucho me gustas.*
y no creo que vaya a ser de otra forma por mucho, mucho tiempo.)

Mariquita

Dices que soy inteligente, pero te juro que eres mil veces más inteligente que yo. Tienes una forma de pensar única, increíble, fascinante, y no tienes idea del honor que es para mí verla en acción.

Tu manera de ver la vida es asombrosa. Tu mente es un tesoro que admiro como a la luna. Eres brillante, extremadamente brillante, aunque no te des cuenta —y, joder, *cómo desearía que te dieras cuenta...*

Eres un genio. Te lo digo porque lo creo con fiereza, y desearía que tú también lo creyeras.

Eres la persona más fascinante y maravillosa del mundo.

Y sí, eso desearía que también lo creyeras.

Lista de reproducción (música clásica)

Vals Triste —Sibelius
   Serenata para cuerdas —Tchaikovsky
   Sinfonía 7 —Shostakóvich
   Claro de luna —Debussy
   Sinfonía 35 —Mozart
   El duraznero —Yuri Hung
   Sinfonía 2 —Sibelius
   Oboe de Gabriel —Ennio Marricone
   Sinfonía 5 —Tchaikovsky
   Serenata para cuerdas —Dvorák
   Sinfonía 39 —Mozart
   Pas de Deux —Tchaikovsky
   Concierto para clarinete en la mayor —Mozart
   Vals sentimental —Tchaikovsky
   Sinfonía 2, movimiento 2—Beethoven
   Aria —Bach
   Sinfonía 41, movimiento 2 —Mozart
   Adagio —Albinoni
   Sinfonía 3 —Sibeluis
   Cantata Anzoátegui, movimiento 5 —Yuri Hung
   Sinfonía 1, movimiento 2 —Schumann

Sentimientos

Como bien sabes, lidio con depresión. No es algo precisamente sencillo, eso todos los sabemos, pero he sobrevivido. Tú eres de las personas que más me ayudan con ello, pero en esta ocasión en específico vengo a hablar de otra cosa.

¿Recuerdas cuando, hace unos meses, te dije que tenía depresión, y creo que querías animarme o ayudarme un poco? Me dijiste algo como:

—Bueno, vamos a ver. Tener depresión es malo, ¿no?

Fruncí el ceño al instante y respondí:

—¿Por qué sería malo? ¿Por qué sentir algo sería malo, por menos lindo que sea?

Sé que este concepto es un poco raro, considerando que lo que uno debe aspirar en la vida es ser feliz, pero lo resumo en la siguiente frase de la sinopsis de *Poesía magenta*: "La vida es una paleta de colores que contiene desde el más brillante hasta el más pesado, y obviar alguno porque es menos agradable que otro no es más que mentir."

Pienso que los sentimientos van desde el más alegre hasta el más triste, y que no podemos ver a estos últimos como malos simplemente porque no es *lindo* sentirlos. Con esto NO estoy diciendo que sea hermoso estar triste, que me guste estarlo, o incluso que me guste tener depresión —no es nada de eso, ¿sí? Lo que estoy diciendo es que si una paleta de colores es tan amplia, ¿por qué consideramos que esté mal usar algunos de sus colores? ¿Te parece que esté mal eso?

Porque a mí no. En lo absoluto.

¿Has visto la película *Inside Out*? Verla fue un alivio para mí, como un respiro de mi interior y mi mente. Me di cuenta de que no era el único que pensaba que estar triste no era malo y que, además, *era necesario a veces*, porque quien te diga que está feliz todo el tiempo te está engañando y a lo grande. Una de las cosas que más nos caracterizan como especie es el tener sentimientos, y decir que parte de ellos son malos solo porque no son los más brillantes es como decir que algo no es real solo porque tú no lo comprendes; es estúpido.

(Al menos, desde mi punto de vista.)

Pienso que es como cuando el sol se oculta día a día. Va a salir la luna, va a haber oscuridad en el ambiente, pero es parte de la vida, es algo natural que inevitablemente va a pasar, así que, en lugar de frustrarnos o intentar luchar contra ello, podemos aceptarlo, aprender a vivir con ello y seguir adelante porque, si son cosas que no podemos cambiar, ¿por qué amargarnos la existencia por ellas?

Además, pienso que la tristeza (al menos en esto que quiero reflejar) es como el amor. Simplemente lo sientes, está ahí, en tu pecho, y es tan válido y necesario como cualquier otro sentimiento ¿Recuerdas cuando me dijiste *todo existe porque debe existir*? Pues apelo a eso ahora mismo: la tristeza existe porque *debe* existir.

Y como existe porque *debe* existir, no considero que esté mal sentirla. Después de todo, es algo que pasará, porque todo en la vida pasa, así que, ¿por qué luchar contra ella? ¿Por qué querer erradicarla de la vida, como si estuviera mal que existiera? He lidiado con tristeza de forma bastante regular, y lo que puedo decir sobre ella es que lo único que hará que se vaya es aceptarla, soportarla, llorarla, *vivirla*, y luego se irá solita, sin que le digas nada, porque a veces está ahí como una acumulación de muchas cosas que te afectaron más de lo que creías posible, y todo eso se ha vuelto una masa que ahora debes dejar salir de ti, porque si no la liberas, (si no *te* liberas, no *te* desahogas), podrías explotar (o tu cuerpo podría traducir dicha frustración en un malestar físico, aunque su origen sea emocional.

De hecho, una profesora de biología nos enseñó esto en una clase. Nos dijo que muchas veces la gente iba al médico por malestares físicos, pero que su origen realmente era emocional, y que lo que dichas personas necesitaban era llorar, desahogarse, alguien que las escuchara atentamente, tal vez incluso un abrazo, y que con eso bastaba para que los dolores menguaran.)

(Esto que menciono se llama enfermedades psicosomáticas, y hay estudios que prueban que existen.)

De forma que… sí, eso es lo que pienso sobre la tristeza: no debe erradicarse, no debe verse como algo malo, como un tabú, como algo de lo que nadie debe hablar, a la vez que no debe ignorarse o fingir que simplemente no existe, sino, en su lugar, liberarse, porque esa es la única manera, al mismo tiempo, de liberarnos a nosotros mismos.

Confesión con alas

La verdad es que *Mariposas rotas* pasó a ser uno de mis poemarios favoritos solo porque tú inspiraste la mitad de sus poemas.

(Por favor, no me malinterpretes; la otra mitad son poemas tristes, de corazones rotos o solo lágrimas vueltas palabras, así que me alegra muchísimo que no los hayas inspirado.)

Pienso que, en cierta medida, el arte depende de la musa que lo inspiró, y te confieso de forma muy placentera que el arte que he creado teniéndote como fuente de inspiración es de mi favorito por mucho.

Es como… no lo sé. Lo que creo cuando pienso en ti es suave, ligero, sencillo —y ya sabes qué pienso de los detalles, los paréntesis y las letras minúsculas, así que es algo que me alegra muchísimo.

Espero que también te alegre a ti, eso de que me gusta cómo me gustas, cómo te quiero, de la forma tan lenta e irremediable en la que me enamoré de ti, porque a mí, personalmente, me encanta.

(A mí, y para bastante rato, *me encantas*.)

Notas fugaces en mi cuaderno

No entiendo esta gente que se queja de que su vida es aburrida, pero no hace nada para cambiarla.

¿Quieres que tu vida sea increíble? Hazla increíble. ¿Quieres que sea genial? Hazla genial. ¿Quieres que sea asombrosa? Hazla asombrosa, haz algo asombroso, *sé asombroso*, pero no te quedes de brazos cruzados sin hacer nada, porque la única persona que puede producir un cambio real en tu vida eres tú mismo.

Casa con forma de ella

de Mariposas rotas

Gracias querida Princesa
  por guiarme a casa cuando
  ni siquiera estaba segura
  de si tenía
  una

  Hoy en día lo sigo dudando pero
  como tú te asemejas mucho
  a lo que siempre pensé que sería
  una

  no hay
  de qué
  preocuparse.

PD: ¿Habrías pensado alguna vez que terminarías siendo una Princesa? Porque yo pienso que eres la más hermosa del mundo entero, y espero que el decírtelo no ofenda tu masculinidad.

El que se enamora pierde

Hace tiempo una amiga me dijo esta frase. Me comentó que había estado en una relación, que le habían partido el corazón, y supongo que fue por esto que terminó diciéndola, pero el punto es que no estoy en lo absoluto de acuerdo con ella.

No comas, porque vas a engordar. No te hagas un tatuaje, porque te puedes arrepentir en el futuro. No lo intentes, porque puedes fallar…

¿Y cuándo comenzamos a vivir?

Te pueden partir el corazón si estás en una relación. Mira, no te voy a mentir: es así. Es la cosa más cierta y real de la existencia. Sin embargo, ¿eso significa que no debemos estar en una relación nunca? ¿Significa que no debemos enamorarnos? ¿Que no debemos entregarle nuestro corazón a nadie jamás?

Y, pues, por si quedan dudas, lo voy a volver a escribir: *¿y cuándo comenzamos a vivir?*

Pienso que es como la cajita feliz. No puedes obtener el juguete si no pagas también por la hamburguesa y las demás cosas, y si bien es cierto que a veces lo que queremos no es *las demás cosas*, no nos va a venir lo uno sin lo otro —es el paquete completo, nos guste o nos disguste.

No me parece que esté bien privarnos del placer de querer porque nos pueden partir el corazón. Porque, ¿y si tu miedo era en vano? Desperdiciaste ese tiempo y energías en él de manera innecesaria, además de correr el riesgo de ponerte tan paranoico que te vuelves loco.

Ahora está el otro lado de la moneda: ¿y si tu miedo era justificado? Pues he aquí la verdad: ya no importa. Para el momento en el que lo descubras, ya será demasiado tarde, ya te habrán lastimado, porque si va a suceder es algo que sencillamente no podrás evitar, así que, ¿por qué adelantarte a ello? ¿Para qué preocuparte antes de tiempo y, con ello, amargarte la vida tú solo?

(Y sí, quizá esto parezca demasiado demasiado, pero es solo mi opinión personal.)

(…)

Escribí tres frases de distintas historias que representan lo que pienso sobre esto de *el que se enamora pierde*:

"La vida se trata de riesgos, y el riesgo a que te partan el corazón no es la excepción a eso. Más bien, yo diría que es *el riesgo principal…* Y no puedes librarte de él." Estrella de ojos azules.

"Enamorarse es algo tan lindo que, incluso si te parten el corazón, vale la pena." *Homely*.

"No lo sé. Tú tampoco lo sabes. Pero nunca lo descubriremos hasta que lo intentemos." Yo creo en el destino.

(…)

Aquí mi última palabra sobre todo el tema:

Si no quieres que te partan el corazón nunca, no ames a nadie ni a nada.

Ahora, si vale la pena vivir sin nunca amar a nadie ni a nada…

Eso es otra cosa.

Uno de treinta

de Poesía magenta

hoy vi los ojos de
  un niño asustado,
  de un niño pequeño, de un
  niño con el alma tan rota que,
  si la ves por mucho rato,
  escuchas cómo la tuya se rompe
  también.

  querido espejito: no temas.
  sé que tienes el corazón tan desgarrado que
  tienes miedo de que lo terminen de volver
  nada, pero,
  te juro que las cosas mejorarán,
  que todas tus piezas serán devueltas
  a su lugar,
  que llegará alguien y te sanará y
  te hará sentir que todo este infierno
  no fue más que una tonta pesadilla y
  esa persona te hará tan feliz que
  comprenderás por qué no funcionó con nadie más y

te amará tanto que abrirá puertas para ti que
siempre juraste cerradas y
te mostrará tantas cosas nuevas que
esos días de corazón roto y alma destrozada
pasarán a ser un mal recuerdo que
gracias al cielo y todos sus ángeles
ya no es real.

pd: escribí esto mucho antes de que comenzáramos. de hecho, para el momento en el que lo escribí ni siquiera me pasaba por la mente que me gustabas, y…
¿quién habría dicho que esa persona de la que escribía eras tú?

Era necesario, lo siento

He dicho muchas cursilerías a lo largo de toda mi vida, y hay una que ya dije en una novela, y ahora te la dedico porque cuando la leo no puedo evitar pensar en ti:
—Bailemos.
—Pero no hay música...
—*No necesitamos música si nos tenemos el uno al otro.*

Soy un observador

Siempre he sentido que no encajo, que estoy en el lugar incorrecto, y eso ha causado que me retraiga en mí mismo. Siempre he sentido que de alguna manera estoy mal, que el problema está en mí, no en el sitio en el que estoy, no en la gente que me rodea, por lo que tengo tendencia a callarme y pensar en mis cosas, sin importarme realmente el mundo alrededor de mí.

Crecí en un mundo de adultos. Entré a la orquesta profesional a los trece años, así que prácticamente me obligaron a crecer —*no era una opción*. Me rodeé siempre de gente que, en vista de que era mayor que yo, me causaba inseguridades sobre mi forma de ser, de pensar, de ver al mundo, de opinar. Casi nunca opinaba nada, me limitaba a sentarme y ver el mundo, ver a los demás porque, como eran mayores y habían vivido más que yo, sabían muchísimas más cosas…

Quiero que entiendas que esa gente nunca me intimidó como tal; *el problema era yo, no ellos*. Nadie hizo nunca nada (directamente) para hacerme sentir mal, menos o inferior, pero yo simplemente era así, yo siempre me *sentía* así, no porque nadie hiciera algo para causarlo, sino porque *esa era mi forma de ser*.

Y quizá era por la edad, pero empecé a adoptar esa misma actitud en todos lados, hasta el punto en el que dejó de ser una *actitud* para pasar a ser *una forma de vida*.

Vivía como un observador. Nunca vi las mismas series que mis compañeros de clase, precisamente porque el tiempo que ellos invertían en eso en las tardes yo lo invertía en ir a la orquesta, al igual que tampoco oía la misma música que ellos. Cuando me preguntaban sobre gustos musicales, hablaba más que todo de Tchaikovsky, Mozart, Shostakóvich, Hyden, Sibelius, Mendelssohn… y como es obvio, ninguno de mis contemporáneos sabía nada de ellos —de hecho, dudo que siquiera supieran de su existencia, así que podrás imaginar.

En mi familia siempre se nos inculcó el hábito de la lectura, y como un día me di cuenta de que mientras iba en el carrito u autobús en el camino a la orquesta (o de regreso) podía leer un libro, exactamente eso fue lo que comencé a hacer: a leer más que antes. Siempre llevaba un libro conmigo, siempre tenía un libro encima para que por si acaso, y todo eso de alguna manera podría decirse que me encerró más en mí mismo.

Yo vivía en mí mismo, en mi mundo, dentro de mí, y de alguna forma metafórica, *no en el mundo real*. Leía y me ponía a pensar en lo que leía, en lo que realmente querían decir los autores con ciertos elementos en sus obras, en por qué los ponían, qué significaban para ellos, en por qué ciertas obras terminaban de esta forma y no otra —y, como ves, pasaba muchísimo tiempo pensando en todo eso, y tanto era así que en realidad no me quedaba tiempo para pensar que no encajaba.

Era como *oh, no encajo, estoy aburrido aquí… mejor me voy a leer un libro, porque es mucho mejor que esta realidad*. Y sí, eso hizo que inconscientemente me fuera encerrando incluso más, que me fuera excluyendo a mí mismo del mundo en el que los demás vivían —pero estaba tan enfrascado buscando un sitio en el que sintiera que perteneciera, que no me daba cuenta de que era yo mismo quien me apartaba de los demás.

Y así viví mi adolescencia: como una persona extraña que oía música clásica, leía libros, escribía poesía y pensaba en historias, como una persona a la que no le quedaba tiempo para nada que no fuera arte.

¿Sabes? Cuando lo pienso así, me parece que no tuve una mala adolescencia. Simplemente era incomprendido, me sentía solo, me sentía inseguro, pero siempre encontré algún refugio (que era el arte, porque mi refugio siempre fue el arte), y de alguna manera eso hizo que al final todo estuviera bien.

Que al final *yo* estuviera bien.

Hace meses, un amigo que toca percusión (si está leyendo esto, saluditos, eh, que lo amo) me contó que quería tocar la batería porque era un instrumento imponente, y me explicó que le llamaba la atención por eso, porque era imponente y a veces en su vida quería ser así. No me malinterpretes, por favor, ni tampoco vayas a pensar que mi amigo es un loco: él prácticamente había vivido toda su vida limitado a hacer lo que los demás querían, sin poder él dar su opinión, por más acertada que fuera, así que era natural que en algún momento de su existencia quisiera hacerse oír.

(Sí, la historia de mi amigo también es bastante interesante, pero se supone que te estoy contando sobre mí, no sobre él, así que ese cuento lo dejaremos para otro día, ¿te parece?)

Eso que me dijo me puso a pensar muchísimo. Como ya sabes, antes yo tocaba violín, pero luego me cambié porque me enamoré del contrabajo... y eso que me comentó ese amigo hizo que me preguntara si una de las razones por las que había escogido el contrabajo era porque *yo era uno*.

Poca gente sabe lo que es un contrabajo. Casi nunca lo notan, porque está al final del salón. Lo llaman por nombres que no son el suyo (cuando lo notan), y por lo general es para decir que (1) está atravesado; (2) que toque más *piano*, porque no se oye el violín; y (3) que se arrime hacia un lado, porque está ocupando demasiado espacio que otro instrumento podría utilizar.

(Bien, quizá exageré un poco... pero básicamente así se siente ser un contrabajo la mayor parte del tiempo, ¿sí? Como algo que está sobrando, algo que no es necesario, algo que ni siquiera sabe por qué está en un sitio, si muy pocas veces le recuerdan que es una parte tan fundamental de la orquesta como los demás instrumentos.

O, al menos... *así me he sentido yo.*)

Me acostumbré a nunca ser el centro de atención. Me acostumbré a estar al final del salón, a que no me noten, a hablar bajo porque es otro quien tiene el protagonismo, a apartarme para que alguien más aproveche el espacio, a que no me digan que me necesitan, a no sentirme necesitado, a preguntarme por qué estoy en un sitio, si parece que estoy sobrando en él.

La verdad, cuando lo pensé hace relativamente poco, me pareció que escogí el contrabajo (incluso a esa corta edad, a mis apenas once años) porque lo vi y me pareció que era un reflejo de mí. Escogí el contrabajo porque me identifico con él, porque prefiero estar al fondo del salón que en el medio, porque prefiero ser las bases que el centro de atención, porque me siento tan contrabajo como él en la orquesta de la vida.

Sin embargo, querido mío, no quiero que te preocupes: estoy bien, no tengo ningún problema con tocar contrabajo, no tengo ningún problema con *ser* un contrabajo. Llevo años tocándolo, sí, pero creo que llevo *toda mi vida* siendo uno, así que ya me acostumbré y no tengo ningún problema con eso.

No te preocupes cuando me veas en algún sitio y te parezca que (siento que) no encajo allí: es cierto, sentiré que no encajo allí, así como siento que no encajo en ningún lado, pero no hay de qué preocuparse, porque mientras eso ocurra, yo probablemente esté vagando en mi mente, pensando miles de cosas, pensando en poemas, en conceptos, en arte abstracto, en la vida, en comida, en música, *en ti...*

No te preocupes cuando (yo) parezca fuera de lugar, porque nunca he sentido que pertenezco a *algún lugar*. Toda mi vida me he sentido como un extraterrestre, como un extranjero, como un contrabajo, y ya tan acostumbrado a ello estoy que ni siquiera me molesta, ni siquiera me afecta, ni siquiera me entristece en lo más mínimo.

Y, ¿sabes? te contaré otra cosa de mí: a veces no quiero formar parte del mundo, porque lo que ocurre en mi cabeza es mucho más interesante que lo que ocurre fuera de ella. Por eso en ocasiones me veo disperso, como en otro lugar: porque el mundo real me aburre y prefiero perderme en mí mismo.

Me has dicho que quieres ser más social, hablar con más gente, y eso me parece genial, eh, en serio, pero yo estoy con mi vida hacia dentro, con mi papel de observador, con mi puesto de contrabajo, y te juro que me es más que suficiente.

Quizá pienso así precisamente porque me he acostumbrado demasiado a ser un contrabajo, pero el punto es que entendí que no necesito ser el centro de atención para ser feliz. No necesito estar en el medio del salón, no necesito que los demás me necesiten, no necesito que los demás me noten, no necesito que los demás me halaguen y me digan qué *bien haces esto* para ser feliz.

A lo largo de mi vida, las únicas constantes han sido el arte, el no querer dejar de ser yo mismo a pesar de todo, y mi compañía. ¿Sabes qué es lo mejor de todo? *Aprendí a ser feliz con simplemente estas cosas.* Y aunque en su momento costó, no lo niego, hoy en día estoy feliz por eso, estoy feliz *con* eso, porque me di cuenta de que me basta y me sobra para vivir.

Soy un contrabajo, soy un observador, y amo con intensidad el serlo. Vivo en mi propio mundo, dentro de mí mismo, y no tienes idea de cómo me encanta.

No soy el centro de atención, y a pesar de eso soy feliz. No estoy en el medio del salón, no llevo la melodía, no soy el alma de la fiesta, y a pesar de eso soy feliz. No soy de esas personas que si no están se nota al instante, pocas veces me dicen que me necesitan, raras veces recibo halagos y la aprobación de todo el mundo, y a pesar de todo eso *soy feliz*.

Soy feliz siendo yo mismo, sin importar si las personas me notan o no. Soy feliz siendo yo mismo, sin importar si los demás me necesitan o no. Soy feliz siendo yo mismo, sin importar si los demás aprueban o no cómo soy, y...

Soy feliz siendo *solo* yo mismo, y no tienes idea de lo orgulloso que me siento de ello.

PD: Lo que te quiero decir con esta nota es que estaré bien. Que me las he arreglado para seguir adelante a pesar de lo solo que me he sentido siempre, que aprendí a estar bien, a disfrutar mi propia compañía, a disfrutar esa soledad, a sacarle provecho, y que...

Que estoy bien, que lo estaré siempre, así que no tienes de qué preocuparte.

No eras tú

tu cabello no era amarillo;
 tu cabello era el sol.
 tus ojos no eran marrones;
 eran el mismísimo y más puro café.
 tus labios no eran rojos;
 eran fresas frescas,
 que pedían a gritos que las comieran.
 tu piel no era suave;
 era terciopelo que gritaba
 que necesitaba que lo acariciaran.

 (…)

 y así eras tú:
 no tú como tal, sino
 el secreto del universo
 contenido en una sonrisa.

 no tú en sí, sino
 el mundo entero contenido
 en una sola
 persona.

Dos palabras en otros idiomas

Cuando se trata de ti, no quiero cortometrajes, no quiero estrellas fugaces. Quiero días de 400 luxes, que compremos comestibles, que bailemos como si no hubiera nadie más, como si estuviéramos solos los dos en el mundo, como...

Como si tuviéramos que besarnos con premura, porque tenemos el fin del mundo a la espalda y lo último que queremos hacer es comernos el uno al otro.

Quiero que nos recitemos poemas en azul, que intercambiemos camisas y miremos *Netflix* por horas y horas. Quiero que bailemos sinfonías, que cantemos juntos, que hablemos con los ojos más que con palabras.

Quiero que nos enviemos memes todo el rato por los chats, que me envíes fotos de tu gato favorito, que compartas conmigo todo lo que te ha parecido hermoso alguna vez. Quiero que nos dejemos notas entre las páginas de los libros, que nos mezamos juntos en los columpios del parque, que me regales *brownies* para alegrarme los viernes...

Quiero abrazarte por eternidades enteras. Quiero tomarte la mano hasta que olvides que no es una sola con la mía. Quiero unirte los lunares de la espalda con la mano, cantarte poemas improvisados en el momento, decirte todo lo que siento por ti con un beso...

Quiero encontrarte al otro lado de la luz verde o, más que eso, que tú seas esa luz. Quiero que escribamos notas en blocs de dibujo y que las leamos a través de las ventanas de nuestras habitaciones. Quiero encontrar todos los secretos del universo cada vez que te tome la mano.

Pero, ¿sabes qué quiero más que ninguna otra cosa?

Comprar jugo de naranja contigo.

En realidad quiero jugos de todos los sabores, pero el de naranja…

Sí, *ese no debe faltar cuando se trata de ti.*

No te dejes engañar

No te dejes engañar por las redes sociales. La gente publica solo sus mejores sonrisas, sus éxitos, el lado más brillante de la historia. Y, ¿sabes lo más importante de todo? Cada luna tiene su lado oscuro. No todo es sonrisas, éxitos y condecoraciones; también hay lágrimas, estrés, frustración, impotencia.

Nos acostumbramos tanto a ver que las personas muestran solo lo mejor de sí mismas, como si estuvieran vendiendo un producto, que olvidamos que pasan por la misma tristeza, enojo, dolor y penas que nosotros. Deshumanizamos a la gente, poniéndola en un pedestal o en una ensoñación donde todo es feliz, y olvidamos que no es más que eso: un sueño, porque en la vida real no todo es color de rosas.

Felicidades: toma mi corazón

De Mariposas rotas

Siempre me he enamorado de
 princesas

 Solo de princesas eh
 porque no tengo ojos para más
 que la gente más hermosa del mundo y
 la más gentil buena sonrisa preciosa
 bella por dentro de sentimientos únicos y…

 y felicidades:
 tú también eres una Princesa

 —me enamoré de ti.

La vida mejora, felicidad y el secreto de la magia

Soy más feliz ahora de lo que he sido en muchos años de mi vida. Me gustaría decir *de lo que he sido en TODA mi vida*, pero no sé si eso es generalizar mucho, o más bien tomar demasiado a pecho eso de que lo que vives ahora es lo más y para siempre. Como sea, ese no es el punto; el punto es que soy muy feliz, muy, muy pero MUY feliz, y eso es irónico, porque mi vida no es exactamente perfecta, lo que creo que siempre se espera o se asocia con la felicidad.

En mi casa no hay agua desde hace más de dos semanas, lo que hacemos es bañarnos, lavar ropa y lavar los platos con agua de lluvia, y a pesar de eso soy feliz. Mi alimentación no es la mejor, siento que vivo en un país que de la nada se volvió una cárcel, no tengo dinero, no tengo nada, y a pesar de eso soy feliz. Tengo enfermedades mentales, depresión y ansiedad, a veces me dan crisis de depresión, ataques de ansiedad, me provoca cortarme, rasguñarme, lastimarme y, aunque no lo creas, a pesar de eso soy feliz.

A pesar de todas las cosas que no van viento en popa en mi vida, *soy jodidamente feliz*.

Esta felicidad de la que te hablo no me parece una chispa, como una estrella fugaz que pasó y pediste un deseo, sino más bien como una luz constante que está ahí, alumbrándolo todo de a poco, con sutileza y a la vez seguridad, y sin importar cuán cliché suene esto, quiero que sepas que tú formas parte de esa luz.

No, no eres *toda* la luz. No, no eres *lo único* que me hace feliz. No, no eres lo único que me hace querer seguir viviendo, pero sí admito que eres una de las causas más importantes, las de mayor peso, y no puedo estar más feliz por eso.

Hace años quería suicidarme, lo pensé seriamente y, de hecho, estuve a punto de hacerlo dos veces, y hoy estoy aquí, sintiéndome feliz, con el chico más lindo del mundo como mi novio, con cientos de lectores queriendo leer lo más mínimo que escriba, con miles de canciones por escuchar, con cientos de piezas por tocar, con tantas ideas por llevar a la realidad, con tantas cosas por escribir.

¿No es una locura cómo la vida cambia? Los días en los que me cortaba y quería morirme me parecen simplemente un mal sueño, una pesadilla que no es real, y recuerdo que mientras vivía esos días (o *los sufría*, más bien), sentía que nunca se iban a acabar.

Y es que si alguien me hubiera dicho que hoy en día estaría donde estoy ahora, haciendo lo que estoy haciendo ahora, estando con quien estoy ahora (es decir, contigo), no les habría creído ni bromeando…

Y creo que precisamente en eso es en donde se halla la magia.

La vida mejora, pero yo no lo sabía. No sabía qué me seguía atando a la existencia, pero me alegra que lo haya hecho, porque hoy en día me enorgullezco de seguir aquí, me hace muy feliz estar viviendo, estar vivo, ser quien soy.

Nunca he sido más feliz, a pesar de todas las imperfecciones, a pesar de *todo*, porque he entendido que esa luz no es una chispa, sino una constante sutil que está ahí, que *siempre* está ahí, y que depende de nosotros elegir verla o no.

Gracias por formar parte de esa luz, por quererme, por quedarte a mi lado a pesar de mis partes oscuras. Gracias por no asustarte al contarte sobre mi pasado, por no huir ante los problemas, por quererme a pesar de que ni yo mismo sé cómo hacerlo bien.

Gracias por permitirte conocerte, por intentar comprenderme, por todo.

PD: Hace dos años quería matarme, y hoy estoy aquí, escribiéndole un montón de notas cursis poéticas a una de las personas que más quiero en la vida, escuchando música como si no hubiera un mañana, sintiendo que querré a esa persona para siempre (sintiendo que te querré para siempre), y...
Y tenías razón, después de todo:
La vida es hermosa. La vida mejora.
Y vale la pena quedarse a vivir(la).

Poema en tono menor

a veces me parece que
   tu sonrisa es
   triste…

   sin embargo, por favor,
   no te sientas mal.
   mis sinfonías favoritas están
   escritas en tonos menores,
   así que no hay nada,
   y lo digo en serio,
   por lo que
   preocuparse.

Como si fuera a ser para siempre

Me acabo de dar cuenta de que no tiene caso quererte con miedo de que lo nuestro termine, porque vivir con miedo, al fin y al cabo, no es vivir de verdad.

Si estás destinado a partirme el corazón, en algún punto de la vida lo harás, por lo que es absurdo preocuparme por ello ahora, que lo que has hecho es calmarme con tu voz, abrazarme con delicadeza y hacerme muy feliz…

Es absurdo tener miedo de un futuro doloroso que no ha pasado hasta el punto de, por ello, no disfrutar el presente.

Y si hay algo que no quiero que me pase contigo, *es eso*, así que… sí: *te voy a querer como si fuera a ser para siempre.*

Te voy a querer como si ni se me pasara por la mente la posibilidad de que este nosotros pudiera terminar, porque, si creo que va a terminar, ¿para qué demonios estoy en ello? ¿No te parece tonto que continúe con algo que creo que va a terminar, aunque en realidad no quiero que termine, pero que el miedo sea tan grande que me paralice y me haga creer que nada es para siempre?

Es como vivir con el miedo de gratis en la cabeza, con esa basura estorbándome en la mente y haciéndome más pesada la vida, todo de forma innecesaria; y si todo eso es innecesario, que lo es y ambos lo sabemos, ¿por qué demonios seguir viviendo de esa forma?

Ya no quiero hacerlo, así que no lo haré. Por eso, desde hoy, querido mío, te informo que estoy aplicando una nueva técnica: te estoy queriendo como si fuera a ser para siempre, como si lo nuestro fuera a ser para siempre, como si las despedidas no importaran, porque al día siguiente seguiremos allí para el otro.

Así que... sí: te amo, y ya ni siquiera pienso en el final de este libro. Te amo, y ya ni me preocupo por los finales de los poemas. Te amo, y ya ni siquiera pienso en cuando acaban las canciones, porque sé que le seguirán otras, y a esas muchas más...

Te amo, y ya ni siquiera pienso en ninguna clase de final, no cuando se trata de ti porque, después de todo, te estoy amando como si fuera a ser para siempre, y eso, esa seguridad interior, esa calidez en el pecho, por hoy es más que suficiente.

PD: Creo que tú ya me estabas queriendo con esta filosofía desde antes, pero mis inseguridades y miedos me impedían ver la lógica más simple de la existencia (la de no preocuparme por cosas que no han pasado ni parece que van a pasar), así que, sí: me disculpo por ello, pero al mismo tiempo te beso en la frente mientras te digo que ya no hay nada de lo que preocuparse...

Así que, ¿qué dices? ¿Quieres ir por un café?

La felicidad

Nota obligatoria: Quiero que se entienda que escribo esta nota específica desde un punto de vista completamente subjetivo. Digo las cosas que digo debido a experiencias personales, a cosas que he observado o que he vivido en carne propia, y si no estás de acuerdo conmigo, me parece perfectamente válido y razonable.

Al fin y al cabo, el arte es solo arte, todo es relativo, y yo solo soy una persona contando su propia historia.

(Ahora sí comenzamos.)

Me parece que cuando somos niños es la época en la que más somos felices. La familia completa reunida en la mesa, juegos, la creatividad a mil, las caídas sin los prejuicios, las equivocaciones sin la vergüenza pública. Cuando somos niños, nos importan tan pocas cosas que pienso que esa es la felicidad: las pocas cosas, y no lo que nos mata la cabeza a medida que crecemos, como el qué dirán, los señalamientos, el decepcionar a nuestros padres, el no ser lo que se espera de nosotros.

Somos niños y tenemos el mundo entero con nosotros, a pesar de que casi no tengamos nada. ¿No has visto a niños más felices jugando con cajas que otros niños jugando con consolas, teléfonos y con dinero? Me parece que la felicidad está en uno más que en el medio externo en sí, pero mi punto en este caso es que, cuando uno es niño, hasta con una caja vacía se divierte.

La felicidad

En cambio, vamos creciendo... y comenzamos a ver las cosas de otro modo. Queremos lo que está de moda, queremos tener miles de amigos, queremos una pareja para sentirnos bien con nosotros mismos, porque es lo que la sociedad dice que debes tener para ser una persona valiosa... y olvidamos lo que en realidad nos importa, lo que queremos, a nosotros mismos y la verdadera felicidad.

Hace años, cuando la crisis en el país no estaba tan fuerte (estoy hablando del 2012), recuerdo que me indignaba tanto que comiéramos mal que no disfrutaba NADA de la comida. Todo era una queja, todo era malo, en mi opinión, y no lo disfruté en lo absoluto. ¿Sabes qué pasó después? La crisis empeoró. Cada vez comíamos menos, y esas cosas que comía en 2012, ya ni siquiera podíamos comprarlas...

Ahí me di cuenta de que, si bien tenía derecho a quejarme de algo que estaba mal, era absurdo llevarlo al extremo de no permitirme disfrutarlo en lo absoluto. O, bueno, no es que es absurdo, sino que es tonto, porque las cosas siempre pueden estar peor, solo que nos concentramos tanto en lo que no tenemos que no vemos todo lo que sí tenemos y lo que podemos hacer con ello.

Aproximadamente en 2016, mi abuelo se fue de la casa. Fue la primera navidad que pasamos sin él (que yo recordara), y fue tan doloroso no verlo en la mesa que quise llamarlo y pedirle disculpas por todas las veces que me había quejado de que dejaba quemar la olla del café, o cuando me criticaba por no saber cosas que ya no enseñaban en los colegios, o por no saber de historia con día y hora exacta del país.

Como más que bien sabes, mi hermana se fue de la casa hace poco. Duele no tenerla aquí, no voltear y verla mirando sus videos favoritos en *YouTube*, e incluso escuchando su música a todo volumen, aunque las canciones no siempre fueran de mi agrado. Para el momento en el que escribo esta nota, todavía no ha llegado diciembre del 2017, y no imagino lo horrible que será ver otro puesto vacío en la mesa el día de navidad...

Y, pues, he entendido que esa es una de las pequeñas cosas que significan felicidad: la familia reunida en la mesa. Cantar juntos y reírnos de tonterías. Ver a la mascota de la casa con la braga que mi mamá le tejió, a pesar de que se luce entre ridícula y adorable. Comer la torta fría tradicional y hacer intercambio de chocolates bajo el dibujo del árbol.

(...)

Hace unos meses vi una entrevista de *Oh Wonder*. Creo que ya te he comentado que me encanta ese grupo, y el punto es que Anthony dijo que cuando tienes las cosas pequeñas, quieres las grandes, pero que cuando tienes las grandes, quieres las pequeñas. Poder salir a tomar un café si te place, llamar a tu mamá a la hora que prefieras, oír música porque te provocó, quedarte dormido hasta medio día porque sí...

Bueno, tampoco es que la felicidad es exactamente así, lo aclaro. También hay responsabilidades, como sacar a pasear al perro, estudiar para un examen, tener que preparar el desayuno para tu familia... pero creo que en eso también hay felicidad, solo que no siempre lo notamos.

Me parece, muy personalmente, que la felicidad es como ese control remoto que te vuelves loco buscando, sin ver que estabas sentado encima de él. El té con azúcar, un café caliente, comida recién hecha, un abrazo de alguien que amas, oír tu canción favorita en la radio...

Eso sí que es felicidad, aunque no siempre lo entendamos.

Eso sí que es felicidad, aunque no siempre la apreciemos.

Pienso que, contrario a lo que nos hacen creer la mayoría de los comerciales, la felicidad está en las cosas pequeñas. Un abrazo, un te amo, una sonrisa de un desconocido, un hola en el momento oportuno, una palmada en la espalda, dormir con tu oso de peluche, escuchar un pájaro cantando en la mañana, ver una luciérnaga en la oscuridad, una flor cuyo color es particularmente intenso, cantar a todo pulmón tu canción favorita, reír hasta que te duelan las

costillas…
Eso es felicidad, de la clase más pura del mundo entero.
O, al menos, *lo es para mí.*

PD: Quiero que se entienda que no soy una persona conformista, a la vez que mi intención no es incitar a nadie a que lo sea. Lo que estoy diciendo es que tuve muchas cosas buenas y no las disfruté mientras duraban, y que no voy a permitir que me vuelva a ocurrir; disfrutaré las cosas, aunque no sean muchas, porque sé que las extrañaré cuando se vayan.

Disfrutaré las cosas, aunque no sean muchas, porque siempre podrían ser peores y yo tengo la suerte de que no sean así.

PD2: Como lo decía Casper Mitchell: "¡Lo tienes todo! Tienes a tus dos padres vivos y que te quieren, y amigos; sales, vas a fiestas; estás sana, respiras por ti misma, no tienes una enfermedad terminal, no estás paralítica; tienes un cuerpo sano, practicas un deporte y eres buena en él; comes a diario, no te falta dinero, vas a la escuela, irás a la universidad y, joder, Chanel: ya lo tienes todo, ¿entiendes? Y puede que no te hayas dado cuenta antes pero, lo juro, tú ya estás en la cima del mundo."

Día 35

eso de que una mente ocupada no extraña a nadie es una gigantesca mentira. mi día entero consiste en hacer muchas cosas, una detrás de otra, con premura, como si corriera contra el reloj y tuviera que ganarle, y te juro que en medio de todo eso te extraño más de lo que cualquiera pensaría.

o, bueno, no es *en medio*... sino más bien *a cada rato*, como si fueras uno de esos chocolates adictivos de los que siempre quieres más, los que no te logras sacar de la cabeza por más que ella pase a cosas distintas una y otra vez.

es como *tengo que hacer esto, y lo haré, eso es seguro, pero desearía que Inmortal estuviera aquí para abrazarlo y verlo sonreír. desearía que estuviera aquí para oírlo reír, robarle uno que otro pico, suspirar cuando lo mire ser tan él mismo que se me haga imposible no maravillarme con su existencia y...*

y desearía poder abrazarte ahora mismo.

desearía poder tomarte la mano y acariciar tus nudillos con mis dedos.

desearía poder revolverte el cabello hasta que te quedes dormido entre mis brazos.

(...)

yo solo...

desearía que estuvieras aquí.

Contigo quiero

Seamos menos extremistas; imaginemos que, por unos cuantos párrafos, los adverbios de tiempo no existen.

Contigo no quiero un para siempre, sino una de esas listas de reproducción que suenan y suenan, y cuando te das cuenta ya recorriste más de medio camino, y se sintió como que apenas pestañeaste una sola vez.

Contigo quiero un libro que vuelves y vuelves a leer, de esos que sigues leyendo en cualquier parte que abres, porque no te importan los lugares; sea que sea donde esté, siempre se siente como volver a casa.

Contigo quiero un poema de esos que son tan perfectos y revolotea emociones que sientes que son eternos, que no puede haber manera de que terminen porque, sin importar cuántas veces lo lees, sigues sintiendo por ellos lo mismo que la primera vez.

Fama y felicidad

Entre mis 15 y 16 años, publiqué mi primera novela. Fue una completa mierda, y ya ni siquiera está ahí, pero lo importante no es eso; lo importante es que para ese momento estaba en el liceo, y cuando el rumor de que un estudiante había publicado una novela a nivel internacional se regó, podría decirse que me volví *famoso*.

Por supuesto, era una fama relativa. Era famoso *en mi colegio*; si preguntabas por mí fuera de él, te habrían preguntado de quién demonios se trataba, pero el punto es que, sea como sea, tuve mi momento de fama.

Fue horrible. La gente se me acercaba en su mayoría para (1) pedirme copias gratis del libro o (2) para preguntarme cómo podían hacer ellos para publicar sus propios libros. Había muy pocos que realmente me felicitaban de todo corazón, y era estresante, porque sentía que un montón de gente estaba *orgullosa* de mí cuando ni siquiera me conocían o hablaban conmigo.

Si me preguntaban, a esa gente yo le daba igual. Solo estaban felicitándome por algo que había hecho, pero muy en el fondo sentía que no les importaba. Después de las dos primeras semanas a la publicación de mi primera novela, comprobé que efectivamente era así: no les importaba en lo absoluto. Ni siquiera me miraban cuando pasaba en el pasillo, yo había dejado de existir, y lo que había hecho *ya* no era la gran cosa…

Fue un trago amargo, pero me di cuenta de que la felicidad no estaba en la fama. De hecho, la felicidad en sí no había estado en las felicitaciones de las demás personas, en lo orgullosa que estaba mi familia de que hubiera publicado el libro, ni lo que cualquier persona pudiera decirme; la felicidad había estado en escribir el libro, en publicarlo, en cosas que eran únicamente mías y que no dependían de nadie más.

Aunque, sí, lo confieso: también estuve muy feliz cuando le conté a mis amigos que se había publicado el libro y ellos estuvieron felices *conmigo*. Fue como ese poema que dice "las estrellas brillan más / cuando estás en casa", porque ese pequeño éxito lo había alcanzado con ellos a mi lado, y porque sabía que sí les importaba. Si no hubiera escrito ese libro, ellos me habrían querido igual, porque me querían por mí, por quién era, y no por lo que había hecho.

Sé que sueno como un famoso que odia ser famoso cuando ni siquiera lo soy realmente, pero intenta comprenderme: siempre fui un *niño genio* en mi colegio, siempre me felicitaban por cosas que lograba, y si bien al principio era lindo, llegaba un punto en el que sentía que la gente me veía como *un algo que hace cosas increíbles*, y no como *un alguien que también tiene sentimientos*, como *alguien que es mucho más que publicar un libro u obtener calificaciones altas*.

Mi familia estaba orgullosa de que fuera músico, pero no iba a mis conciertos. Mi familia estaba orgullosa de mis calificaciones, pero no me ayudaba a estudiar. Mi familia estaba orgullosa de que hubiera publicado un libro, pero no me había apoyado mientras lo escribía, ni tampoco lo había leído…

Y, a pesar de ello, *siempre* presumía de mí.

Me sentía como un trofeo que regodeaban más que como alguien de quien estaban orgullosos, y desde ahí podría decirse que comencé a odiar que alardearan tanto de mis éxitos cuando no me habían ayudado a alcanzarlos, ni apoyado en el proceso.

(Por eso mi estrés ante esa *fama* que había obtenido por la publicación de mi libro: porque mucha gente sabía de mí, mucha gente me felicitaba, pero eso no se sentía como felicidad real.)

Ahí aprendí que vale más la sonrisa de un amigo que la felicitación de cien desconocidos. Aprendí que los éxitos traen a muchas personas a tu alrededor, pero esas personas no siempre estarán ahí porque están celebrando ese éxito contigo. Aprendí que el que alguien te aplauda no significa que le importas, y que la fama no da felicidad, porque el que una persona sepa de ti y de tus éxitos no significa que te quiere de verdad.

Desde ese momento, podría decirse que comenzó a darme igual lo que las demás personas pudieran decir de mí. Después de todo, no les importaba, así que, ¿por qué amargarme la vida por ellas?

Me empezaron a dar igual las felicitaciones de las personas. Si hacía algo, lo hacía por mí, no por lo que pudieran decirme o por cuándo me fueran a felicitar. Si hacía algo y me iba excelente en ello, ni siquiera se lo contaba a mucha gente, porque la única persona cuya aprobación necesitaba era la mía, no la de nadie más.

Si mis amigos celebraban conmigo esos éxitos, estaba bien, era maravilloso, pero no intentaba obtenerlos por ellos, para impresionarlos, para que *estuvieran orgullosos de mí*, sino por mí, porque era lo que quería, porque lo que hice era algo que me gustaba.

No hago nada para impresionar a nadie, porque no *necesito* impresionar a nadie; lo que los demás piensen de mí es asunto de ellos, y la mayoría de las veces ni siquiera dependerá de mí.

No necesito la aprobación de nadie; con la mía me basta, con saber que hice algo de todo corazón y porque era lo que quería, porque era aquello en lo que creía, *con eso me basta*.

En conclusión: la felicidad había estado en escribir el libro, no en que la gente me felicitara por haberlo publicado.

(*La felicidad está en vivir, en estar viviendo, no en lo que otras personas piensen u opinen de esa vida.*)

PD: Te cuento esto porque hace poco una persona que quiero mucho me dijo que quería resaltar en algo, porque *eso iba a hacerlo feliz.* Si esa persona está leyendo esto, quiero recordarle solo una cosa: la felicidad va mucho más allá de resaltar, de ser famoso, de que alguien te felicite por algo que hiciste.

La felicidad que obtuve por hacer cosas, por resaltar, por ser *famoso*, era vacía. Y la pregunta no es *¿para qué quieres que te noten?*, sino *¿para qué quieres felicidad vacía, si no te va a llenar?*

Lo escribí en un poema de *Poesía magenta*, y lo traigo a coalición:

"¿para qué querría la / cima del mundo si / ninguna parte de / ella es / real?"

Cacofonías armónicas

de Poesía magenta

tus cacofonías me gustan porque
   van bien con mi arte abstracto,
    con mis punturas que no dicen nada pero
    que esconden el mundo y
    el melodrama de la humanidad
    en las venas.

Una confesión urgente y una historia inesperada

He pensado seriamente en cómo voy a editar este libro una vez que esté terminado, y llegué a la conclusión de que lo mejor sería hacer una confesión en voz alta antes de seguir avanzando más.

Todo lo que he escrito hasta los momentos, a excepción de unas cuantas excepciones, ha sido en letras minúsculas, y quiero resaltar el porqué.

La primera carta que te escribí, querida musa, la escribí *toda* en letras minúsculas. La segunda también fue así, al igual que la tercera. El primer poema que te escribí, lo hice en letras minúsculas, al igual que los (veintinueve) poemas que le siguieron a ese…

Y en realidad todo esto de las letras minúsculas es bastante significativo para mí, y quiero explicarte el motivo. Soy escritor, eso lo sabes más que bien, y lo que escribo más frecuentemente son historias. Novelas, historias cortas, *novelettes*… todas estas piezas (que me encanta escribirlas, cabe destacar), siempre tengo que planificarlas antes; tengo que seguir, digámosle, un guión que yo mismo construyo, para que todo siga el curso que he imaginado que debe seguir, y si bien es cierto que en dichas historias a veces imprimo algunos de mis pensamientos, filosofías de vida y maneras de verla, no siempre puedo escribir con total libertad todo lo que me gustaría.

No sé si te conté, pero comencé a escribir para desahogarme. Sentía que la gente no me entendía, que estaba solo, que necesitaba contar lo que me estaba ocurriendo a alguien que pudiera oírme sin importar cuán tonto fuera lo que tenía que decir, y se me ocurrió que ese alguien a quien decirle lo que pasaba por mi mente podría ser una hoja en blanco.

(Esto es una historia más larga, pero, en conclusión, podríamos decir que en parte se me ocurrió por los hábitos de lectura que nos inculcaron en mi casa desde pequeños, además de que ya había visto a mi hermana escribir un par de cosas en ocasiones.)

Comencé a escribir para desahogarme, y era genial, porque me ayudaba mucho personalmente (era como una especie de terapia), pero después comencé a escribir historias, y entre escribirlas, el liceo y las orquestas, ya no me quedaba tiempo para esas sesiones de desahogo marca solo escríbelo en el papel.

¿Qué ocurrió cuando dejé de escribir para desahogarme? Lo más lógico de la existencia: no me desahogaba, me quedaba con todas esas emociones dentro de mí, con esas inquietudes y, aunque no me diera cuenta, eso me iba matando lentamente. Sin embargo, a veces me provocaba y escribía uno que otro poema, no con demasiada frecuencia, lo reconozco, pero lo importante fue que escribirlos me llevó a algo asombroso: *NaPoWriMo* o, en cristiano, tener que escribir un poema al día por un mes entero.

Esto de *NaPoWriMo* es un proyecto de escritura que consiste en lo que ya dije, y en vista de que un poema diario por treinta días seguidos era algo que dejaba en qué pensar, me di cuenta de que tendría que escribir esos poemas según lo que me pasara, según lo que sintiera en el momento, porque de lo contrario no podría cumplir con mi cometido.

Así que, sí, eso hice: escribía un poema al día que reflejara lo que sentía, en el que expresaba cómo me iba, qué pensaba, qué cosas imaginaba, y era maravillosamente genial porque no tenía que seguir ningún guion para escribirlo: podía ser yo mismo, sin más, y con eso sería suficiente. Creo que fue en ese momento en el que verdaderamente me enamoré de la poesía, en el que comprendí su importancia, su fuerza, su poder, y tan asombroso así fue que hoy en día sigo escribiéndola.

De hecho, si alguna vez te lo has preguntado, me gusta más escribir poesía que historias (aunque pienso que no soy tan buen poeta, pero en fin), y es precisamente por eso: porque con la poesía puedo ser lo que quiera, desde el niño más perdido del fin más recóndito del planeta, hasta la flor más afortunada de la existencia, porque la persona que la admira es la persona que esa flor ama.

Y aquí es donde entra en escena lo que te he mencionado de las minúsculas: la poesía me gusta escribirla así, en minúsculas, porque forma parte del estilo que quiero adoptar al escribirla. Sé que estéticamente es incorrecto, que debería usar las mayúsculas, que para algo se han inventado, pero pienso que esto se relaciona con lo de la luz de la que hablé en notas anteriores.

A veces, lo que necesitas no es una estrella brillante y gigantesca, como el sol, sino una pequeña luz al fondo, sutil pero presente, no porque el sol sea demasiado, sino porque con esa luz pequeña y sutil es suficiente.

En ocasiones, necesitamos mayúsculas más grandes que las que tiene el teclado para poder expresar con exactitud lo que sentimos, pero otras veces las minúsculas son suficientes, con ellas nos basta y nos sobra.

Cuando se trata de ti, Chico Alto De La Gorra Y Los Audífonos, con las minúsculas es suficiente, así como lo dije en *puntos suspensivos tamaño minúscula*, la segunda carta que te escribí.

Y en parte también me gusta escribir todo esto en minúsculas, a excepción de las excepciones, por supuesto, porque siento que estoy escribiendo poesía, es decir, que simplemente estoy siendo yo mismo, sin más. Estoy siendo honesto al decirte todas estas cosas, estoy desahogándome, liberándome de las emociones que no siempre me atrevo a confesar(te), y no estoy siguiendo ningún guión al hacerlo…

Y eso, esa libertad, es lo que más me gusta.

Por ello necesitaba hacer esta nota en específico, porque quería contarte todo esto en caso tal que, cuando se publique el libro, aparezca con mayúsculas (apartando las excepciones). Si lo publico con las mayúsculas, será por motivos estéticos, pero te juro que a pesar de eso sigo sintiendo por ti lo mismo que sentía cuando te escribí esa primera carta en letras minúsculas.

Me gustas en letras minúsculas.

Te quiero en letras minúsculas.

Estoy enamorado de ti en letras minúsculas.

(*te amo en letras minúsculas.*)

Lila entre paréntesis

De Fall for the both of us to stay in forever

cuando me reparas todo lo que
  está roto dentro de mí…
  ¿lo haces porque eres amable
  o porque quieres quedarte conmigo
  para siempre?
  hablar contigo me confunde;
  no sé qué quieres pero
  tampoco quiero que
  te detengas.

  me haces feliz, y espero
  también hacerte feliz a ti.
  me ablandas el alma, y espero
  también ablandártela a ti.
  me aligeras la existencia, y espero
  también aligerarte la tuya.
  me gustas, y espero
  también gustarte y
  que te enamores de mí.

(porque) soy como un pétalo
(dos puntos)
me desgarro con facilidad.

sin embargo, me gustaría
florecer en tu jardín,
revolotear en tus mariposas,
unirte las pecas de la espalda con los dedos,
todo con una sonrisa de idiota enamorado
que sé que no podré ocultar por muchos suspiros
y…

y sí: es innegable que
me gustas.
lo siento, pero no pude evitarlo,
no tratándose de ti y
de tu forma fácil de dibujarme sonrisas y…

ahora que lo entiendo,
ahora que lo he aceptado, querida
petunia, temo que
(tú también)
termines partiéndome el corazón.

no porque no confíe en ti sino
porque, como te digo, soy un pétalo frágil y
si eres tú quien me destroza,
dime, pues, ¿quién me va a reparar?

(puntos suspensivos color
lágrimas, y un café para pasar el rato,
porque estas nubes grises
como que no van a irse muy rápido)

así que, ¿qué opinas?
¿me tomas la mano y partimos juntos
a nuestro propio para siempre jamás, o
me desgarras lo que me has reparado
para no perder la costumbre de
dejarme sin alma y sin
florecer?

Por qué amo los paréntesis

Si hay algo que todos mis años de músico me han enseñado, es que lo más importante no es lo más obvio. En las partituras que he leído a lo largo de mi corta vida, lo verdaderamente relevante no está en los pentagramas, sino en lo que está arriba o debajo de ellos…

Esto se llama agógica. Los *fortes*, los *piano*, los *accelerato*, los *ralentando*, los *dolce*, los *pesante* —todo esto se conoce como agógica, y digo que es lo más importante en las partituras porque en sí es lo que hace la diferencia, lo que hace la música como tal, lo que hace el arte.

El director de mi orquesta dice constantemente que lo que diferencia a las grandes orquestas de las mediocres son los detalles. Esas pequeñas cosas que casi ni se ven, a las que muy pocos les prestan atención, las que suelen pasar por debajo de la mesa, las subestimadas, las que se olvida que existen… sí, exactamente esas son las que hacen la diferencia, lo que separa lo mediocre de lo fenomenal.

Opino igual que él. Pienso que esos detalles que están escritos en letras chicas son los que esconden lo más importante, las verdades más grandes, la magia de todo.

¿Alguna vez has pensado que las verdades más grandes se ocultan entre los paréntesis? Yo sí, y bastante, y una de las cosas que más me hacen pensarlo es mi propia forma de utilizarlos.

Aunque no lo parezca, soy una persona muy floja. Si escribo algo, si pongo algo en un escrito, es porque *preciso* que esté allí, por lo que, si coloco paréntesis, es porque son *necesarios*. Si coloco algo dentro de unos paréntesis, es porque es NECESARIO que ese algo esté ahí, porque sin esos paréntesis eso no está completo.

Pienso que los detalles en la vida son como esos paréntesis. Son las cosas más importantes, aunque uno muchas veces las menosprecie. Un buenos días, una palabra de aliento en el momento justo, una sonrisa de alguien especial, una llamada de un ser querido…

Incluso, hace poco hablé con un amigo de esto. Le conté que había tomado un té que no estaba muy concentrado, y él me comentó que el café que se tomó en la mañana había estado frío, así que me entendía. Llegamos a la conclusión de que estas cosas, estos pequeños detalles, son tan importantes porque pueden ser los que nos salven el día.

—Es como que todo va mal —le expliqué a mi amigo—, pero si ese té está concentrado, mi día no es una mierda.

Él me dijo que opinaba lo mismo, que le pasaba lo mismo, y quedé muy feliz por saber que esos pequeños paréntesis que nos encontramos día a día no eran importantes solo para mí.

Los pequeños paréntesis parecen muy pequeños, pero hacen la diferencia entre lo excelente y lo mediocre. Los pequeños paréntesis parecen muy pequeños, pero en ellos se esconden grandes verdades. Los pequeños paréntesis parecen muy pequeños, pero pueden salvar una vida o más que solo una.

Los pequeños paréntesis parecen muy pequeños, pero *en ellos está la felicidad*.

Ramé (parte 2)

De Fall for the both of us to stay in forever

susúrrame cursilerías,
    dibújame con los dedos;
    hazme reír hasta que las costillas
    me duelan, que el pecho me duela,
    que la vida me duela por no reírla
    más a menudo, y más que eso,
    por no haberla vivido antes
    contigo.

Equinoccio de otoño

a veces estoy contigo y me dan ganas de llorar porque eres tan maravilloso que me cuesta creer que eres real.

(estar contigo es tan maravilloso que me cuesta creer que es real.)

las ganas de llorar que me dan son como… no lo sé. lágrimas de auténtica felicidad, de la más pura y preciosa felicidad, mezcladas con miedo de llegar a perderte, o de que por una u otra razón de la nada te quiten de mi vida.

Algo honesto para compartir (contigo)

Hace tiempo comencé a escribir algo así como un diario, pero días después terminé dejándolo porque era DEMASIADO personal. Contaba cosas tan difíciles para mí de compartir, de confesar, aunque fuera simplemente a una hoja en blanco, que comencé a temerle.

¿Recuerdas que te dije que a veces los sentimientos eran puertas que no nos gustaba abrir porque, al hacerlo, temíamos no poder cerrarlas nunca más? Algo así era escribir ese intento de diario, y así mismo ha sido escribirte este libro.

Está lleno de cosas tan personales, tan íntimas, tan emocionales, que me resulta terrorífico. Es como cuando descubres una verdad tan severa que preferirías no haberla descubierto, ¿entiendes? Porque es TAN real que te duele en el pecho, sin importar cuán aparentemente lejana esté de ti.

Aquí una frase que me describe a la perfección:

"Al sonsacar demasiada profundidad de nuestras almas, nos exponemos a tocar lo que tal vez pasaría inadvertido." Tolstoi.

Mucho de lo que he mencionado aquí son cosas en las que ni siquiera pienso con regularidad (en algunas de ellas no había pensado ni en *años*), pero al detenerme unos segundos a mirarlas, me encuentro con que son muchísimo más importantes y significativas para mí de lo que siquiera podría imaginar.

¿No es eso una locura? No sé tú, pero a mí me lo parece...

Me gusta cómo me gustas

de Mariposas rotas

Me gusta cómo con cosas pequeñas
 logras hacerme sonreír como una
 tontuela enamorada por primera vez y
 me gusta cómo siendo solo
 tú misma
 me alegras el día la vida la existencia

 Me gusta que existas ¿sabes?
 me da motivos para
 seguir pensando que
 las hadas y la magia son verdaderas y que
 eso de que puedes ser feliz
 en la Tierra
 es real.

 PD: Otro de los treinta. ¿Alguna vez se te pasó por la cabeza que llegarías a ser una Princesa en el mundo de alguien más?

El Amor De Mis Lunares

A pesar de que soy escritor de romance, drama, poesía y otras cosas cursis en general, hay ciertos conceptos en los que no creo. Lo menciono porque me parece un poco irónico, considerando que en algunas de las cosas que escribo quizá se mencionen algunos de estos conceptos...

(Aunque técnicamente eso no tiene nada que ver, porque una cosa soy yo y otra son mis personajes, mis tramas, mis historias; pero es bien sabido que en estas reflejo ciertas ideologías que tengo en la medida que puedo y se compagina con la historia que estoy contando en cuestión...

Pero, en fin, tú entendiste mi punto.)

Por ejemplo, no creo en eso del *amor de mi vida*. He tenido como tres o cuatro amores de mi vida a lo largo de mi corta existencia, y ninguno realmente se ha quedado conmigo (comenzando por el hecho de que la mayoría de ellos ni me quería, por supuesto), por lo que sencillamente ya no creo en ellos.

(Sí, en parte es por decepción, como puedes ver, pero la otra parte simplemente se rehúsa a creer en más conceptos abstractos que suenan perfectos precisamente por eso: porque son conceptos abstractos más que hechos concretos en sí.)

Tampoco creo en las almas gemelas. El concepto me parece algo muy lindo teóricamente hablando, pero en la realidad no creo que exista tal cosa. No creo que seamos *la mitad* de algo, que únicamente *estamos completos* cuando estamos con tal o cual persona, pero lo que sí creo es que con esa persona somos mejores, somos más felices, que con ella encontramos una calma que no hallamos con nadie más, y que por eso es que nos quedamos con ella.

No creo que estemos a la mitad y que solo con una persona estemos completos de nuevo. Creo que estamos completos en nosotros mismos, pero que sí, que es cierto que con ciertas personas estamos y sentimos tanta tranquilidad que nos causa la impresión de que no necesitamos nada más que ellas.

Pero, ¿sabes algo en lo que sí creo? En el amor verdadero. Creo que las cosas pueden ser verdaderas, que los sentimientos pueden ser verdaderos, aunque terminen, porque el que algo termine no lo hace menos real.

(Con esto no quiero decir que todo amor verdadero que sientes en la vida va a terminar; lo que quiero decir es que, *incluso si termina*, fue real en su momento.

Pensar de forma contraria me parece absurdo e injusto. Si tienes gripe una semana, pero a la siguiente te curas, ¿significa que esa gripe que tuviste nunca fue real? No lo veo así. Es como decir que los adolescentes que tienen depresión no la tienen solo porque son adolescentes, cuando se sabe que algunos de ellos se suicidan *debido* a la depresión, por lo que es obvio que sí es real, sin importar si los demás lo entienden o no.)

Como ves, todas estos conceptos son algo bastante complejos… sin mencionar que mi opinión sobre ellos no es precisamente la más optimista, pero el punto es que sí hay algo en lo que creo: *en el presente*. Creo que lo único que realmente tenemos es el presente, y que hay que aprovecharlo, vivirlo al máximo, porque luego se habrá ido como si nunca lo hubiéramos tenido en el primer lugar.

Creo que lo que tenemos es el presente, y que por eso es absurdo preocuparse excesivamente por el futuro, por cosas que no han pasado y que quizá ni siquiera pasarán. Con esto no quiero decir que prevenir sea malo, eh, porque no es nada de eso; lo que quiero decir es que muchas veces nos amargamos la vida, nos atemorizamos por cosas que imaginamos, por cosas que no existen y que tal vez ni ocurran, y que en ocasiones nos preocupamos tanto por ellas que olvidamos disfrutar lo que estamos viviendo en el momento.

Así que… no, no creo en las almas gemelas, no creo en el amor de la vida de alguien, creo de forma diferente en el amor verdadero…

Pero, ¿sabes qué también creo? Que eres El Amor De Mis Lunares.

(El otro día me dijiste que te gustó uno de mis lunares, así que ahora te nombro oficialmente el amor de ellos, solo porque sí, porque tengo el derecho a ello y porque puedo, porque nadie puede decirme quién es el amor de mi vida, pero yo sí puedo decir quién es el amor de mis lunares.)

PD: Me puse a pensar en por qué no me gustaban todos estos conceptos, y llegué a la conclusión de que es así porque me parecen demasiado clichés.

La mayoría de las personas ven el color azul como uno triste, y a mí me parece muy, muy alegre. La mayoría de las personas ven Romeo y Julieta como una historia de amor, y a mí me parece una *burla* al amor, una tragedia. La música clásica a la gente le parece calmada, y a mí me parece una turbulencia que *se hace sentir* en tu pecho.

El existencialismo a la mayoría de las personas le parece desesperanzador, y a mí me parece de las cosas más inspiradoras del mundo. Escribir a muchas personas les parece de cobardes, de gente que no se atreve a vivir *en la vida real*, pero a mí me parece de valientes, porque no tengo miedo de sentir algo intensamente, de volverme vulnerable y compartirlo, de quebrarme y volverme a reparar.

La lluvia a la gente le parece romántica (a los que se mojan en ella, claro), pero a mí me parece que es una oportunidad para sentirte más vivo que nunca. Las cartas escritas a mano a la mayoría de la gente le parecen demasiado cursis y tontas, pero a mí me parecen una muestra de cariño, de auténtico y profundo cariño, y de la atención que te dedican, porque no cualquiera escribe una carta a mano hoy en día.

Y también pienso que… que el mundo necesita nuevos clichés. Muchos dicen que en esta era de tantas cosas nuevas, todo se ha inventado, pero yo creo algo muy distinto: pienso que todavía hay mucho que inventar, mucho que crear, mucho por hacer, y que los clichés forman parte de eso.

Es lo que tú dijiste el otro día, ¿recuerdas? Que las cosas existen porque *tienen* que existir, así que, si existen los clichés, es porque *tienen* que existir, por lo que, si son necesarios, ¿por qué no crear nuevos?

¿Sabes qué quiero que hagamos, Chico Alto De La Gorra Y Los Audífonos? Quiero que creemos nuevos clichés, que inventemos una clase diferente de poesía, que hagamos cosas nuevas y que sean tan honestas que pasen a ser para siempre.

Así que, sí, ese es mi primer granito de arena en esta Invención De Nuevos Clichés marca honesto, marca nosotros, marca el resto del mundo no importa porque lo único que importa somos tú y yo:

Nombrarte El Amor De Mis Lunares.

El problema del latinoamericano

He aquí el que pienso que es el problema de América Latina: esperamos que vengan a salvarnos. No me refiero a algo sentimental o metafórico; literalmente esperamos que alguien venga y nos resuelva nuestros problemas económicos, sociales, culturales y democráticos.

Nos acostumbramos tanto a que vendrá Supermán a salvarnos, nacerá un Bolívar, a vendrá el Mesías y nos rescatará, que nos hemos vuelto conformistas y dependientes. Siempre esperamos que vengan a rescatarnos, siempre esperamos que alguien lidie con el desastre que nosotros hemos hecho.

En las películas, ese héroe no falta (de lo contrario, no habría película); pero en la vida real, rara vez llega. El problema, sin embargo, es que *mucha gente no lo sabe*. Y se queda sentada, esperando, viendo cómo la vida se le viene abajo, viendo cómo todo se le escapa como un castillo de arena borrado por las olas, sin darse cuenta que entre tanta espera y espera lo único que pasa (que se acaba) es la vida.

El problema del latinoamericano es, en mi opinión personal, que espera que alguien venga a salvarlo.

Pero, ¿y si en lugar de esperar un superhéroe, nos convertimos en ese superhéroe? ¿Y si aprendemos a ser conscientes de nuestros actos y no esperar que alguien más arregle el desastre que hemos hecho? ¿Y si actuamos con consciencia y no esperamos que alguien venga a pagar todo lo que hemos despilfarrado?

¿Y si nos salvamos a nosotros mismos?

Cafuné

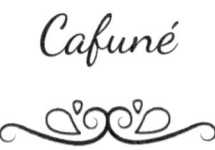

—Ojos brillantes y sonrisa triste… Suena como alguien de quien me enamoraría irremediablemente.

—Ya lo hiciste.

—¿Qué?

—Inmortal, musa, petunia… Llámale como quieras, pero acabas de describirle.

Y, recordando cuánto me gustan las sinfonías en tonos menores, sonreí.

Lógica simple y compleja a la vez

Si es *el amor de mi vida*, termina cuando termina mi vida, ¿no? Eso es lo que me parece.

En cambio, si es El Amor De Mis Lunares…

Los lunares son para siempre.

Esté vivo o no, mis lunares seguirán ahí, tan marcados en mi piel como en el principio, tan resaltantes como toda la existencia, tan imposibles de ocultar como lo que en este preciso momento siento por él…

Así que… sí: la segunda opción para llevar, por favor.

Y me le echa azúcar extra, eh, que lo que me gusta es lo cursi.

¡Gracias!

Pensando en tinta escrita

Estoy en una piscinada, que es en la planta baja de un edificio, y yo estoy específicamente en la primera planta, en la región de los eventos, sentado en un banco, mirando flores blancas y pensando en ti. Los árboles son muy lindos, frondosos, de esos tan verdes que cuando los ves te relajan al instante, y hay una mariposa naranja y negro que vuela grácilmente de aquí para allá, y me hace alzar la vista hasta el cielo.

Qué atardecer más precioso. Las nubes se mezclan con el cielo, rosadas, moradas, naranjas, amarillas, todo de intensidad muy marcada, y es tan jodidamente mágico que desearía que estuvieras aquí. Desearía que estuvieras aquí conmigo, admirando lo hermoso de esta obra de arte que pocos se detienen a admirar, y porque, ¿a quién intento engañar? te extraño un montón. He estado aquí por horas, y si bien es cierto que he intentado disfrutar de todo, mis pensamientos vuelven a ti una y otra vez, como las olas vuelven al mar sin importar cuán a la orilla lleguen.

(…)

Y, después de unos segundos, respiro una vez más. Ya hablamos de los suspiros hace tiempo, ¿recuerdas? Dijimos que se originan solo cuando se ha producido una emoción demasiado intensa en nuestro pecho, y que tan así es, que nos quita el aire inconscientemente.

Este, estoy seguro, fue uno de estos momentos.

(Y discúlpame, pero tengo que decirlo de nuevo: *desearía que estuvieras aquí.*)

Veo a los demás invitados de la piscinada abajo, en la planta baja, en la piscina como tal, y se me vienen un montón de cosas a la mente.

(…)

Los minutos han ido pasando; la mariposa ya se fue, lo que hay ahora son pájaros volando entre los árboles, y las flores se me hacen más y más difíciles de admirar, al menos desde esta distancia, porque el cielo se va volviendo oscuro, y aunque lo hace a paso lento, lo hace, sin más.

Y tomo aire otra vez.

(…)

Lo primero que se me viene a la mente es que la gente va a hablar siempre que quiera hablar. No importa si realmente *tienen* un motivo para hablar; lo harán, y ya, porque así de cruel y sinsentido es.

Me parece que las personas vacías crean ilusiones cuando no tienen de qué hablar, solo para tener algo de qué hacerlo, aunque carezca de fundamentos. Crean fantasmas, hablan de ellos, se burlan de ellos, pero al final no los enfrentan porque así de cobardes y huecas son.

Sin embargo, por otro lado, me parece que hay gente que lucha con fantasmas que nunca estuvieron ahí solo porque *necesita* algo con lo que pelear. Se esfuerza, crean planes, estrategias de combate, de todo, únicamente para sentir que está enfrentándose a algo y que, por ello, su vida no es tan sinsentido como realmente lo es.

Me pregunto si estas personas en realidad luchan contra sí mismas, contra sus miedos, contra sus temores más reprimidos, pero como están *tan* reprimidos no se dan cuenta de que en realidad les pertenecen a ellas, que se crearon en su mente, que afuera de esta nada de eso existe.

Y ya es oficial: no puedo distinguir las flores blancas de las rosadas, porque el cielo está demasiado oscuro y las pocas luces artificiales que hay no alumbran tanto.

La segunda cosa que me viene a la mente es que las piscinas son el mar de la disforia. En realidad, tanto las piscinas como las playas lo son, y es irónico cómo para las personas promedio estos sitios pueden ser tan alegres y normales cuando para alguien transgénero puede representar un auténtico infierno. No obstante, supongo que así es la vida, ¿no? Algunas cosas para alguien son insignificantes, mientras que para otra persona son un problema gigantesco, algo que le afecta muchísimo, tal vez incluso un problema que no consigue resolver.

PD: Después de escribir hasta donde está esta nota, le picaron la torta a la cumpleañera, así que fui con ella. Sin embargo, lo importante no es eso; lo importante es que aproximadamente pasada media hora, comenzamos a discutir cómo íbamos a hacer para irnos, y terminaron llevándome hasta mi casa.

Te confieso que me dio miedo que lo hicieran, porque el señor que iba conduciendo estaba borracho. ¿Sabes qué es lo más loco de todo? Que el señor estaba conduciendo mejor que muchísima gente que he visto conducir sobria. De hecho, me atrevo a decir que nunca vi a una persona que condujera tan bien, a pesar de estar borracho y…

Y tenía miedo mientras conducía, obviamente, porque temía que chocara y nos matáramos todos los que íbamos en el auto, pero él solo estaba hablando, contando chistes de esos de borrachos que son muy malos, y en general conduciendo muy bien, por lo que no nos ocurrió nada. Llegué a mi casa en perfectas condiciones, sin un rasguño ni nada parecido, y todo salió bien.

PD2: Estaba ansioso por regresar a casa para hablar contigo. Solo pensaba en ti, en cuánto te extrañaba, en lo mucho que me hacías falta.

PD3: Lo que quería decir con la PD1 era que quizá todo en este país funciona al revés y que por eso es que estamos como estamos.

PD4: Sea donde sea que estés, solo quiero que sepas que todavía te extraño. Y no, no importa a qué hora o día veas esto, porque *yo siempre te extraño.*

Día 47

haces que me sienta en llamas y en completa calma a la vez.

no sé cómo lo haces pero, por favor, no te detengas.

Pijamada

No sé exactamente cómo decir esto, pero no siento que seas mi pareja. No estoy diciendo que no te veo así o que no lo eres; lo que digo es que estar contigo no es como siempre *creí* que sería estar con un chico. Creí que tendría que actuar como toda una dama fina y educada, que nunca dice nada incorrecto, que nunca se equivoca, que siempre es sumisa, que solo…

No lo sé. *Que no soy yo.*

De por sí nunca me gustaron los roles de género. Tienes que hacer esto si eres una chica, y esto otro si eres un chico. Si eres un chico y estás en una relación, tienes que abrirle la puerta. Tienes que sacar la silla para que ella se siente. Tienes que llevarle flores.

No digo que esto esté mal; al contrario, me parece lindo. Pero en vista de que me asignaron el género femenino cuando nací, siempre me hicieron estar del otro lado de la historia, el lado en el que debo esperar en el castillo como si fuera un trofeo para el Príncipe valiente que mató al dragón. Como si siempre tuviera que limitarme a hacer lo que se espera de mí, y no lo que en realidad quería.

La verdad es que yo quería ser quien le abriera la puerta a alguien. Yo quería ser quien le sacara la silla en la mesa para que se sentara, quien le llevara flores. No sé si siquiera esos debieron ser mis primeros indicios de que (1) también me gustaban las chicas, (2) yo no era una chica, pero justo ahora hablo más como una persona que está cansada de los roles de género que otra cosa.

No quiero que me limiten a que debo hacer algo o no por lo que está entre mis piernas. La mente humana es mucho más compleja que cromosomas y genitales. Los seres humanos en general.

Si te quiero comprar flores, te compraré flores. Si te quiero abrir la puerta para que pases, lo haré. Si quiero sacar la silla para que te sientes, lo haré, y me dará igual lo que diga la sociedad.

(Esto apartando todas las cosas machistas y sexistas que les dicen a las mujeres que deben hacer, por supuesto.)

(Volviendo a mi punto principal:) Estar contigo no se siente como estar con una pareja. *Como creí que sería estar con una pareja*. Creí que tendría que ser fuerte siempre, que sería como un producto que se tiene que vender para que lo compren, que solo verías mi lado más brillante…

Y no es así. Lo has visto todo, desde lo más brillante a lo más oscuro. Contigo soy débil. Contigo soy yo mismo. No actúo como se espera que actúe, no soy como esperan que sea (no cuando estoy contigo) *y sigues aquí*. A pesar de que no soy una chica y tampoco lo que se espera de mí. A pesar de que no actúo como una dama refinada y que no soy fuerte siempre.

Te has quedado a pesar de todo.

Estar contigo es como tomarle la mano a tu mejor amigo. Es como estar en una habitación con esa persona en todo el mundo en quien sabes que puedes confiar, con quien puedes ser tú mismo, con quien no sientes presiones, con quien sientes que puedes ser todo el desastre que en realidad eres y que estará bien. Que ese mejor amigo no te dejará. Que te seguirá queriendo. Que ni siquiera pensará en cambiarte, porque te ama tal y como eres.

Estar contigo se siente como esas pijamadas en las que no hay secretos, en las que quienes la tienen ven películas por horas, cantan desafinado, comen masa cruda de galletas, pelean con almohadas y siempre hay risas y risas sonando. Siempre es ligero, suave, fácil, solo…

Contigo siempre es fácil. Quitarme la máscara, que veas mi lado oscuro, hablar. Tomarte la mano, abrazarte, acariciarte el pelo. *Todo siempre me ha parecido muy difícil, pero contigo es fácil.*

Estar contigo se siente como hablar por horas y horas con tu mejor amigo. Y tomarle la mano porque lo quieres muchísimo. Y abrazarlo, porque lo quieres cerca. Siempre lo quieres más cerca. Cuando no hablan, es horrible. Como que te falta una parte de ti, aunque en realidad estás completo...

Pero siempre te sientes más completo con él.

Ya no sé ni qué escribo. Están por ser las 5 am y lo único que pienso es en ti. Yo siempre estoy pensando en ti, aunque no te lo diga. Incluso cuando duermo pienso en ti. Todo se trata de ti ahora. Desde que me levanto hasta que me vuelvo a dormir, e incluso lo que pasa en el medio. Desde las flores hasta las estrellas. Desde la luna hasta el atardecer.

Te volviste mi mundo entero.

PART II

Las bajadas

La puerta está abierta

Nota obligatoria: Esta es una nota diferente a las demás, y si bien el siquiera pensarla me causa un tremendo dolor en todo el cuerpo, me siento en la obligación de escribirla. Desde que comenzamos a hablar hemos sido muy honestos con el uno con el otro, de forma que ignorar este tema me parece absurdo y, por más raro que resulte, una falta de respeto a la confianza que hemos creado.

Espero que la entiendas, que *me* entiendas, y que logres ver que la escribí porque no quiero que queden letras pequeñas en el contrato tácito que firmamos cuando dijimos que nos gustábamos mutuamente y que queríamos comenzar una relación.

(Ahora sí empezamos.)
Querido Chico Alto De La Gorra Y Los Audífonos:
No quiero atarte.
No quiero que te sientas atado a quedarte conmigo porque me has ayudado con la depresión, la ansiedad, la disforia, además de con mis pensamientos suicidas. Quiero que, si te quedes conmigo, lo hagas porque quieres, porque *me* quieres, y no porque temes que, de no hacerlo, algo malo me ocurra.

(Porque temes que, de no hacerlo, *me haga daño a mí mismo otra vez*.)

(…)

Lo que quiero decir es que, aunque no quiero que te vayas, no te odiaré si lo haces. La puerta está abierta en caso de que desees marcharte, y si bien es cierto que no quiero que lo hagas, se me es una obligación decírtelo, para que por si acaso.

Contigo quiero un futuro, una vida entera, un para siempre en el sentido más literal y cursi de la palabra, pero si tú no lo quieres, lo aceptaré. Lo entenderé, lo pensaré, lo lloraré, y me dolerá como el mismísimo infierno, sí, pero algún día terminaré aceptándolo, y supongo que lo que quedará será seguir con mi vida.

Te prometo que seguiré con mi vida. No me lastimaré, no haré nada que tiente contra mi bienestar, contra mi salud física y mental, contra mi cuerpo; estaré bien, lo superaré, y mi vida continuará.

(...)

La puerta está abierta en caso de que te quieras ir.

Pero si te quieres quedar... tengo una manta lo suficientemente grande para los dos, chocolate caliente y muchas canciones que me gustaría oír a tu lado.

Así que, ya sabes... *tú eliges.*

Inmarcesible

etéreos mis pétalos,
  melifluo el murmullo de
  tu voz.
  tu pulso inefable,
  el ritmo de tu lluvia interna…

  inmarcesible este amor
  que ha nacido de la calidez perenne
  de dos sonrisas mondas;
  inmarcesible esta letífica serendipia
  que me lisonjea llamar
  nosotros.
  (…)
  brillo en el café de tus ojos,
  remanso en la suavidad de tus
  (a)brazos.
  un para siempre congelado en
  dos palabras,
  dos manos,
  dos corazones;
  cuatro luceros,
  ocho estrellas,
  infinitos lunares,

mil y un latidos,
pero un solo sentir

—y eso,
la chispa compartida,
es lo único que importa.

pd: este poema parece escrito en otra época, pero tú me pareces de otro mundo, de otra dimensión, así que estamos a mano.

1 de 100 fragmentos perdidos

eres *indie*[1]. eres poesía. eres arte en su máxima expresión…
y a mí me gusta lo *indie*, me gusta la poesía, me gusta muchísimo el arte…
(…)
dime, pues, ¿cómo esperabas que no me enamorara de ti?
(…)
dime, pues, ¿cómo esperabas que no me encantaras, siendo todo lo que siempre soñé?

---

[1] *Indie*: La cultura *indie* deviene de la llamada música independiente, surgida en la década de los años ochenta. Es precisamente a partir del término *independent* que surge el concepto *indie*, abarcando a todas aquellas propuestas que se ubican fuera de los límites de lo sugerido por la cultura principal o *mainstream*.

Vida, tiempo, citas y puntos suspensivos

La vida va a pasar, la entiendas o no, la aproveches o no, la disfrutes o no, así que mi sencilla y única recomendación al respecto es que la vivas, porque después será demasiado tarde para nada.

(…)

El problema es que vemos la vida como una meta demasiado apoteósica, demasiado prominente, en lugar de verla como un camino que se recorre paso a paso, lentamente, con consciencia, con la paciencia propia de una ruta larga que, por ello, debe tomarse con calma.

(…)

Te contaré algo que creo que ya te he dicho: en este preciso momento estoy enojado con una amiga, porque no nos hemos visto en más de dos meses, y el siquiera hablar con ella por teléfono ya representa un reto gigantesco. Ella está trabajando, está ocupada, pero… ¿ocupada TODOS los días del mes por al menos dos meses enteros? ¿Eso es falta de tiempo, o que no quiere verme y ya? Porque me suena más a la segunda opción, por más triste que resulte.

La cosa es que todos tenemos veinticuatro horas al día para hacer lo que se nos plazca, lo que mejor nos parezca. Todos tenemos exactamente la misma cantidad de horas, por lo que teóricamente podemos hacer lo mismo que grandes genios o personas que han hecho cosas increíbles: teóricamente hablando, tenemos el mismo recurso principal (el tiempo), y lo que hagamos con él ya depende de cada uno de nosotros…

Y precisamente por eso es que me enojo, porque si meditas en el hecho de que cada uno de nuestros días tiene veinticuatro horas, te das cuenta de que eso de *es que estoy demasiado ocupado; ¡no tengo tiempo!* no es más que una mentira gigantesca.

Todos tenemos el mismo tiempo todos los días, y nosotros somos quienes decidimos qué hacemos con él. Esto obviamente depende de nuestras prioridades, de las cosas que nos parecen importantes de manera personal, y es exactamente de eso de lo que se trata: que le dedicamos tiempo a las cosas que nos parecen importantes, por lo que, si no le dedicamos tiempo a algo, ni tan importante era, ¿no?

(…)

La vida es demasiado corta como para no disfrutarla. No digo que todo el día hay que pasarlo en una fiesta, pero sí pienso que pasarlo trabajando de cabo a rabo es una maldad contra nosotros mismos. ¿Dónde quedan los minutos de descanso, los momentos en los que nos detenemos a admirar las flores? Privarnos de ellos es absurdo y, más que eso, innecesario.

Y lo digo con propiedad, porque antes yo me la pasaba el día entero estudiando, esforzándome o trabajando, y si bien es cierto que hasta cierto punto era emocionante, porque veía que iba avanzando, un día me di cuenta de que todos mis días eran iguales; no había diferencia entre uno y otro, y si hay una palabra que describa eso a la perfección es triste.

Cuando pienso en ese tiempo justo donde estoy ahora, me parece una gran masa gris, un enorme borrón, porque no había nada lo suficientemente resaltante como para que ese día importara. Me explico: cada día era igual, cada día hacía lo mismo, y sí, es cierto, mi currículo iba aumentando de tamaño y eso era genial, pero al enfocarme tanto en esas cosas olvidaba que era un ser humano.

Vivía como una máquina que simplemente *hacía cosas*, que seguía instrucciones, que se pegaba un guion y que no tenía emociones. De hecho, una vez me puse a estudiar tanto mi instrumento que mi brazo se lesionó y no pude tocar por semanas enteras, y eso fue incluso peor, porque me sentía tan solo, tan vacío, que dolía, y no podía hacer nada para llenarlo.

Y fue entonces cuando lo entendí: la vida es más que solo trabajo, más que solo estudio, más que un currículo. El mío personalmente es impresionante; es de todo un artista, y eso me enorgullece, lo admito, pero al final del día lo que importa no es cuántas estrellas hayas contado, sino las que disfrutaste con una sonrisa.

En mi familia lo que nos han inculcado desde que tengo memoria es que lo importante no es cuántos amigos tengas, sino cuán largo sea tu currículo, cuántas cosas hagas, cuántos idiomas hables, cuántos títulos tengas. Y, ¿sabes algo interesante? Durante años lo creí, pero luego me di cuenta de que nada de eso ayudaba con la tristeza, con la soledad, con la depresión.

"Las estrellas brillan más cuando estás en casa." Escribí eso en un poema, y lo hice porque me parecía la cosa más cierta del mundo: la vida se disfruta más cuando tienes personas con quién compartir lo bueno que te sucede, cuando tienes seres queridos con los que *compartir*.

Obviamente todo esto se basa en un balance; no es como que pasarás toda tu vida únicamente preocupándote por las relaciones sociales y, por ello, dejando de lado tus sueños, metas personales o crecimiento profesional, pero hacer exactamente lo contrario es igual de estúpido; todo está en un balance, en cuidar ambas partes con la misma atención y comprender que son tan importantes la una como la otra.

Pero… precisamente por eso fue que me molesté con esta amiga que te digo: porque ella no puso un balance. (Y no es que me molesta exactamente que prefiera trabajar antes que salir a hablar conmigo, pero, ¿ni un solo día de esos más de dos meses en los que no nos hemos visto lo podía apartar? ¿Ni uno solo? Eso ya no me parece falta de tiempo, sino falta de interés.)

¿Sabes qué opino que ayuda a esto del balance? Las citas. Y me refiero a toda clase de citas, eh, no solo las románticas; puedes hacer citas para algo tan sencillo como ir al médico, tomarte un café con alguien especial, e incluso citas contigo mismo.

Pienso que el concepto de cita en sí es el agendar apartar tiempo para pasarlo con alguien, no porque sea una obligación, sino porque le damos la prioridad que se merece —la prioridad que *nosotros* pensamos que se merece. Lo veo como un *no importa si este día me dan trabajo extra o sale una canción nueva de alguno de mis artistas favoritos; el tiempo lo aparté para pasarlo contigo, y nada que no sea una emergencia hará que eso cambie.*

Una de las citas que más importantes me parecen es la que fijamos para con nosotros mismos. Opino que debemos hacerlo, como una rutina, aunque sea una vez a la semana, porque pasar tiempo a solas es necesario. Acallar los ruidos de los demás, incluso de la música, y simplemente escuchar lo que tenemos que decir, nuestros pensamientos, cómo nos sentimos, lo que opinamos, las cosas que nos han afectado a lo largo de la semana.

Usualmente pensamos que las relaciones más importantes son las que tenemos con nuestros amigos, pero me parece que la más importante de todas es la que tenemos con nosotros mismos. ¿Nos cuidamos, nos damos segundas oportunidades, nos preocupamos por si somos felices, por si estamos bien? Durante muchos años yo no lo hice; era demasiado duro conmigo mismo y me trataba como si no fuera digno de lo más mínimo. Por eso, hoy en día intento cuidarme más, pensar un poco más en mí, no presionarme tanto, porque entendí que así como nos preocupamos y protegemos a nuestros amigos, así debemos preocuparnos y protegernos a nosotros mismos, no solo porque nadie más lo hará por nosotros, sino porque nos lo merecemos —merecemos una buena vida, merecemos algo mejor, merecemos ser felices.

El otro día me quedé a solas, porque todos mis amigos se fueron a dormir temprano, y fue de las mejores cosas que me pasó en la vida, porque disfruté de mi compañía como no lo hacía en semanas. Pienso que eso es importante, el disfrutar poder estar a solas, el poder estar solo con nosotros mismos, y hacer cosas que nos gusten, que nos encanten, como si se tratara de disfrutarlas con algún amigo.

Con esto no quiero decir que lo único que debemos hacer, en mi opinión, sea pasar tiempo SOLO con nosotros; de nuevo, como mencioné antes, todo se trata de un *balance*. No volvernos locos con el trabajo, no dejarnos absorber por los demás, aprender a disfrutar nuestra propia compañía, y al mismo tiempo apartar algo de este para pasarlo con otras personas.

Como sabes, mi hermana se fue de la casa hace poco. Se independizó, está viviendo sola, y si bien es cierto que me alegro mucho por ella, porque sé que era un paso que tenía que dar para crecer, me dejó triste, porque obviamente no hablaríamos ni pasaríamos tanto tiempo juntos como de costumbre.

En ese momento me di cuenta de lo importante que es aprovechar el tiempo que tienes con las personas, porque algún día se irán (o quizá seas tú quien se vaya), y ya será demasiado tarde como para intentar hacer nada.

La vida es así: pasa, formes parte de ella o no. La entiendas o no. La disfrutes o no.

(...)

Así que... sí, como ves, querida petunia, esa es mi filosofía de vida: vivirla, aprovechar el tiempo, salir con mis seres queridos, intentar disfrutar todo, y no temer a cuando nos parten el corazón.

Oh, ¿de eso no te he hablado? Pues prepárate, que he escrito varios poemas al respecto, y tú eres la primera persona que quiero que los lea.

Corazón roto marca valiente

de Poesía magenta

creo que debemos alegrarnos cuando
  nos parten el corazón porque,
  si alguien lo ha roto,
  es porque lo hemos entregado y,
  eso,
  el entregarle tu corazón a una persona,
  tu alma, lo que eres,
  todo tú,
  denota valentía.

  ¿o es que acaso crees que
  los cobardes se atreven a
  amar de verdad?

(No es) solo uno más

Ayer llevé a la universidad mis dos primeros libros impresos. Como más que bien sabes, imprimirlos fue TODO un proceso, TODO un problema, simplemente porque vivo en Venezuela, por lo que finalmente tenerlos en las manos significa más de lo que puedo expresar en palabras.

El punto es que llevé los libros a la universidad porque un amigo me dijo que quería sacarse fotos con ellos y conmigo, y como las ganas no me faltaban, accedí. Estábamos en el laboratorio, la clase estaba finalizando, y le mostré los libros. Él estaba muy emocionado, mirándolos con una cara de NO PUEDO CREERLO, SON REALES Y HERMOSOS, y la profesora que dicta la materia en cuestión los miró. Sonrió y frunció el ceño a los dos segundos, diciendo que uno de ellos parecía de autoayuda, e internamente sentí que todo se paralizó.

Me explico: no me parece un insulto ni mucho menos que digan que mis libros parecen de autoayuda; después de todo, es solo un género, como cualquier otro —lo que me causó *gracia* fue el hecho de que el libro para ella se veía muy común (además del título, *El show debe continuar*), cuando para mí esa copia era LA GRAN COSA.

En sí, lo que dijo la profesora no me importó tanto —el hecho es que el libro se veía como uno común, uno más, cuando *no lo era en lo absoluto*.

(Quizá esto suene egocéntrico, pero tengo que decirlo: ese libro era mío y lo había esperado TODA mi vida, y por eso no era *simplemente uno más*.)

Llevo escribiendo aproximadamente siete años. Llevo cuatro tomándomelo en serio, a otro nivel, y dos ahorrando en dólares para poder pagar por mi primer libro en físico. Fueron años de caerme y levantarme, de no rendirme a pesar de las miles de cosas que me decían, de investigar, esforzarme, buscar las herramientas correctas y aprender a usarlas…
Ese libro, lo juro, no era *uno más.*
De hecho, podrías decirme mil cosas del libro, criticarlo, comentar equis barbaridad de él aunque sea falsa, qué sé yo, pero lo que no habría aceptado por nada del mundo (ni aceptaré *jamás*) era que me dijeras que era uno más, cuando para mí era un sueño finalmente (y tras tanto trabajo) vuelto realidad.
Como fuera, de alguna u otra forma terminé pensando en la frase de El Principito que dice "parece un zorro como cualquier otro, pero yo lo hice mi amigo y ahora es único en el mundo".
Puede que ese parezca un libro regular, pero *no lo es* porque (1) es mío, y (2) lo he esperado durante tantos años que ahora que lo tengo en las manos se me hace imposible creer (*me niego a creer*) que es solo *uno más del montón.*

Y eso mismo te digo hoy, Inmortal: pasé tantos años esperándote que, estoy seguro, no eres solo uno más.

(Dicho de otra manera:
Puede que parezcas una persona regular, pero para mí eres el mundo entero, y no permitiré que *nadie* me haga creer lo contrario.)

Fortaleza en lo más simple de la vida

de Risa con jota

Eso de que tu alma esté unida
  a la de alguien más
  no es sinónimo de debilidad

Al contrario:

Dejar que te roben el corazón
demuestra
fortaleza.

Excusas, café y estrellas

quiero excusas para dibujarte con letras; quiero excusas para poder pensarte con plenitud, aunque en realidad ya lo haga todo el día y sin ningún motivo específico más que cuán buenos son tus abrazos, más que cuánto me gusta la calidez de tus dedos cuando se han entrelazado con los míos después de unos segundos.
(…)
el té de tus palabras al hablar, el dulce de tus labios adictivos…
el remanso en la curva de tu cuello, el brillo en tus pupilas cuando me observan como si fuera la luna en una noche de poesía, lluvia y un buen tequila para compartir.
(…)
tu nombre significa brújula en el idioma de mis constelaciones.
(…)
tu nombre significa hogar en el mapa de mis estrellas perdidas.
(…)
quita lo superfluo y añade dos de azúcar.
lo único que necesito es el café de tus ojos, el murmullo de tu voz, tu mano sosteniendo la mía, una canción más suave que tus besos, y tu risa ligera que, en mi mundo, brilla más y más potente que el mismísimo sol.

Lluvia triste

Algunas personas ven la lluvia como algo triste, pero a mí me gusta porque la veo como (1) una oportunidad de sentirme más vivo que nunca, y (2) como agua que se lleva todo lo malo o pesado con lo que estamos cargando. De hecho, a veces duermo cuando llueve, y cuando me despierto me siento fresco, renovado, como si me hubieran limpiado un poquito más el alma, como si me hubieran quitado cargas que estaba llevando encima desde hacía tiempo, porque creo que esa es una de las cosas que hace la lluvia: nos limpia.

Y quizá no lo has pensado, pero yo sí, y me parece que hay distintas clases de lluvia. Está la normal, están los chubascos, que son intensos y se van tan súbitamente como vinieron en primer lugar, y está la lluvia que me parece verdaderamente triste: aquella en la que, a pesar de las gotas, sale el sol.

Lo veo como cuando estamos llorando porque la vida se ha hecho demasiado cuesta arriba como para no hacerlo, pero tenemos que sonreír porque debemos ser fuertes para alguien más. Cuando debemos resistir porque alguien nos está mirando, los estamos inspirando, somos su ejemplo a seguir, y debemos sonreír a pesar del llanto interno, porque sabemos que es lo correcto.

Una vez me ocurrió eso. Tenía depresión y no quería hacer nada, porque no lograba ni concentrarme en lo más mínimo, y mi mamá me dijo *pues es una lástima, pero tienes que hacer todo como si no te ocurriera nada, porque tu hermano menor te está viendo y tú eres su modelo a seguir.*

Si tú te caes, él se caerá, si tú te rindes, él se rendirá, y no queremos que se rinda, así que debes fingir ser fuerte para él.

Me molestó muchísimo que mi mamá me dijera eso, porque era como si dijera que sentir lo que sentía en ese momento no era importante, que le daba igual lo que me estaba pasando, que debía ser fuerte por alguien más (no *por mí*, porque *yo lo quisiera*), pero al final hice como me pidió porque, después de todo, tenía razón. No permitiría que mi hermano se rindiera si podía evitarlo, aunque eso me doliera porque tenía que seguir adelante a pesar de lo mal que me sentía.

Pero, ¿sabes qué es lo más irónico de las lluvias tristes?
Son las que forman arcoíris.

Y… a veces lo pienso y me parece que mi arte más hermoso ha salido de ahí, de las lluvias más tristes, las más intensas. Las personas fuertes se forman en ambientes difíciles, la creatividad surge de crisis, las estrellas se ven en la oscuridad…

Y qué arcoíris tan hermoso, pero qué lluvia tan reacia.
Y qué lindo el arte, pero qué triste que, para surgir, deba ser de un corazón tan destrozado.

Lista de poemas que me recuerdan a ti

Romance en McDonald's —Eduardo Sánchez Rugeles
Para que tú me oigas —Pablo Neruda
Diez segundos y ya no más —Roxy Muñoz
Regalo —Desirée Jiménez
Cuerpo trazado —Julio Bolívar
Me declaro loco —John Roman
Para mi corazón —Pablo Neruda
Cuando me quedo sola —Gloria Fuertes
Te quiero —Mario Benedetti
Conjugación —J. Anne
Zu machen —Diego Morales
Mi alma viaja entre tus manos —Julio Bolívar
Tus ojos, mi farol —Roxy Muñoz
Juventud —M. S. Merwin

Corazón frágil, no débil

de Poesía magenta

¿por qué siempre nos hacen ver a
  los que nos enamoramos profundamente
  exactamente como criaturas
  de débil corazón?

  no, no, no. nada que ver.
  más bien es todo lo contrario:
  el amor es algo tan intenso,
  tan música al máximo volumen,
  tan de otro mundo que,
  para que un corazón lo soporte,
  debe ser fuerte, valiente, arriesgado.

  el amor es para gente
  fuerte, valiente, arriesgada;
  para gente con corazón capaz de
  romperse y volverse a sanar,
  de destruirse y construirse otra vez,
  de explotar y latir nuevamente
  con solo una gota de magia.

el amor, enamorarse, querer a alguien
es una energía tan viva que
solo un corazón que realmente esté vivo
es capaz de soportar(lo),

así que... no.
no somos débiles;
somos de corazón fuerte porque,
aunque los demás no lo vean,
nosotros sí estamos vivos,
más que nadie, más que nunca,
de forma más intensa que la eternidad y
por eso nos atrevemos a amar, porque
sabemos que, aunque nos rompan,
habrá valido la pena y que
si nos rompen, no importa, porque
nos arreglamos nuestras propias piezas rotas y
en un abrir y cerrar de lágrimas de despedida
tenemos el alma intacta otra vez.

pd: escribí este poema hace meses, y cuando lo hice pensé en ti. no porque pienso que tienes el corazón frágil o algo así, sino porque tú siempre me entiendes cundo te hablo de tener el corazón roto. creo que en gran parte fue por eso que siempre te busqué para hablar, ¿sabes? porque siempre me entendías, sabías por lo que había pasado, me comprendías incluso antes de abrir la boca, y era maravilloso poder conversar con alguien así.

Notas fugaces en mi cuaderno (parte 2)

Hay historias tan personales que, para contarlas, tenemos que decir que les pertenecen a alguien más; la vulnerabilidad que produce el admitir que nos pasaron en carne propia es tan intensa que simplemente no podemos soportarla.

Sin embargo, eso no me parece mentir…

Después de todo, *para algo se creó el arte.*

puntos suspensivos tamaño minúscula

querida sofía valentina:

me parece que te fuiste, que te vas, que no regresas hoy ni ya lo harás nunca. mientras, yo estoy aquí, al otro lado del cristal, extrañándote y preguntándome qué será de ti, con quién soñarás, si piensas en mí o en la sonrisa que me gasto que dices que te paraliza el corazón cuando aflora…

porque sí, aunque te lo niegue, pienso en ti más de lo que debería. más de lo que he pensado en alguien antes. más de lo que me gustaría admitirle al espejo, porque temo que termine teniendo razón…

pero, ¿sabes algo? me gustan tus ojos azules. me gustan porque son tuyos, no por el color, por favor, no me malinterpretes, pero el punto es que me gustan tanto como me has contado que te gustan las hojas de otoño cuando caen. me gustan mucho esos pozos azules, electrizantes y cálidos, todo a la vez y sin remedio. me gustan demasiado, más bien, y…

y creo que me gustas…

también me gusta tu sonrisa sutil, esa que se te escapa aunque no lo quieras, aunque no te des cuenta, cuando cuentan un chiste muy bueno y no puedes aguantarte las ganas. me gusta tu risa, ¿sabes? es maravillosa, de las grandes, de las explosivas que sabes que son honestas y que solo por eso ya son perfectas.

no sé si alguna vez alguien te ha dicho que te ríes feo pero, en caso de ser así, elimina ese recuerdo de tu mente: te ríes como los mismísimos ángeles, si los ángeles existieran, que existen, porque tú eres uno de ellos y lo tengo más que claro…

hasta me has vuelto cursi. ¿te das cuenta de lo que me haces, sofía valentina? ¿te das cuenta de lo que me haces, aunque ni siquiera pienses en mí?

me gustan muchas cosas de ti, otras me disgustan, no lo niego, pero una de las que están justo en el medio es tu estúpida manía de no saber puntuar bien tus escritos. aun así me gusta leerlos, sin embargo; leería la filosofía más barata y borracha de la existencia, a la hora que quisieras, siempre que viniera de ti, de esa mente de colores que logra poner la mía patas arriba.

me gusta tu música porque es de la buena, de esa que pocos ven pero que está ahí, tan intensa y perfecta como solo podría mantenerse poesía cantada con el alma. me gusta tu forma de contar las lunas de saturno, como si juraras que hay más vida allá que aquí, que hay más humanidad allá que aquí, que hay más lógica allá que en este mundo…

me gusta que te gusten las estrellas, porque a mí también me gustan. me gusta que te gusten las flores amarillas, porque a mí también me gustan. me gusta que pienses que el color azul es alegre, porque yo también lo pienso, y me gusta que creas en las hadas, aunque yo no crea en ellas.

a veces, cuando conversamos, me pregunto si piensas en mí, si te importo como tú a mí, si me quieres como yo a ti, si me quieres para más que conversaciones filosóficas y descubrimientos de tu nuevo mundo. a veces, cuando conversamos, me pregunto si te gusta algo de mí, si te gusta que piense en ti, si fantaseas con el sabor de mis labios tal como yo pienso en el de los tuyos...

como ves, sofía valentina, me traes más loca de lo que imaginabas. y es que yo tampoco lo imaginaba, pero quizá así es mejor, ¿no crees?

y sí, uso demasiado los puntos suspensivos. y no, no uso mayúsculas, porque no me da la gana. y sí, me gusta tu cabello castaño, tus ojos azules y tus labios tan rojos como las fresas. y no, no me di cuenta sino hasta este momento que le he confesado mi amor por ti a la pantalla de un ordenador...
pero bueno, te mentí, ¿de acuerdo? te he mentido, sofía valentina. lo cierto es que no uso mayúsculas no porque no me dé la gana, sino porque:

"te amo en letras minúsculas.
no porque mi amor por ti sea pequeño sino
porque las mayúsculas no hacen falta;
así, en segundas voces,
en acordes de estrellas y armonías de poesía,
en cosas sencillas y caligrafía tamaño magenta,
así de minúsculas pero aún así existentes
letras...

así
es
suficiente."

siempre tuya,
alaska.

pd: tuya aunque no pienses en ella, porque para pertenecerle a alguien no necesitas que esa persona piense en ti, aunque, si pudiera escoger, escogería que *sí* me pensaras.

Mi debilidad

Te he escrito muchos poemas.
Tantos, que no es justo…

No es justo para ti porque, al mostrártelos, ves que hablo *únicamente* de ti; y no es justo para mí porque, tras escribirlos, me hago más y más consciente de que eres mi debilidad.

Talón de Aquiles. Kryptonita. El Nestea[2] de un Milo, la musa de mis letras, el primer tempo de mis compases… aunque en eso no hay nada malo, obviamente, al igual que tampoco lo hay en quererte, en pensarte, en irremediablemente y a fuego lento haberme enamorado de ti.

---

[2] *Nestea*: Una marca de té helado producido por coca cola, siendo distribuido por *Beverage Partners Worldwide* desde finales de 1969. A partir de enero de 2013, *Nestea* es producido y distribuido por *Nestlé Waters*.

Día 56

¿alguna vez te ha pasado que llega un punto en el que estás tan perdidamente enamorado de una persona que sabes que estás jodido?

pues he llegado a ese punto oficialmente...
y con respecto a ti.

tú eres el culpable, como es obvio, porque eres tan asombroso que se me ha hecho imposible no enamorarme de ti, y...

y sí: *estoy. EN SERIO. jodido.*

Perfección

Como músico que soy, me han inculcado desde pequeño que, al tocar, las piezas deberían sonar perfectas. O, bueno, no exactamente *perfectas*, pero sí lo mejor que se pueda. Sin embargo, esto es relativo, porque puedes tocar una pieza de forma muy correcta (perfecta afinación, perfecta duración de los tiempos, perfecta armonía con tu acompañante), y ni aun así ser una *interpretación buena*, porque lo importante en sí no es lo que toques, sino lo que transmitas.

Cuando eres artista, te acostumbran a pensar así: *esto tiene que ser perfecto, no puede tener ningún error*, porque en realidad la idea es que muestres el arte que tienes para ofrecer de la mejor calidad posible; pero en la práctica, nada va a ser perfecto nunca. En la práctica, una pieza nunca te va a salir *perfecta* desde la primera nota hasta la última; ningún libro va a ser *perfecto*, ni siquiera porque esté trabajado con editorial (porque alguna cosa se les escapa siempre); tu vida no va a ser perfecta, por más que la planifiques, así que enloquecer al respecto me resulta tonto y hasta cierto punto infantil.

Es como, no lo sé, cuando tienes un día muy bueno, pero dices que fue una mierda solo porque una cosa te salió mal. No puedes desacreditar ese día tan bueno solo por una cosa mala, ¿entiendes? No puedes decir que algo es malo solo porque tuvo un error, como si todo lo demás, lo que es bueno, no valiera en lo absoluto.

Beethoven una vez lo dijo así: "tocar una nota equivocada, es insignificante... Pero tocar sin pasión, es inexcusable."

El director de mi orquesta usa esta frase para explicarnos que lo importante no es si tocamos correctamente todas las notas en un concierto (que son cosas que pueden pasar, y que pasan con más frecuencia de la que se cree), sino que las hayamos tocado con sentimiento, que hayamos transmitido algo mientras las tocábamos.

Me parece que algo más o menos así es la perfección —o la *felicidad*, más bien. No importa si todo fue perfecto o no, con tal que lo hubieras disfrutado al máximo, con tal que hubieras sido feliz mientras lo vivías.

De hecho, tengo un amigo que piensa que la felicidad está muy cerca a la perfección, y que por eso cuando vemos algo muy bello somos felices, o cuando oímos, por ejemplo, una canción muy hermosa, pero no creo estar del todo de acuerdo con él.

Hace poco le mostré a mi hermano una foto que una persona famosa había subido a su cuenta en *Instagram*, y lo hice porque, en mi opinión, esa persona era hermosa, pero él me dijo que no le gustaba. Yo le pregunté el motivo, porque me parecía que estaba delirando, y lo que me contestó fue: *es tan perfecta que no parece real. No me gusta. Es molesta a la vista. Se ve falsa.*

Eso, como es obvio, me puso a pensar. *¿Qué es la perfección?*, me pregunté en ese momento, y después de pensarlo bastante, razoné con que mi hermano estaba en lo cierto: había cosas que eran tan perfectas que no resultaban hermosas, sino que, en su lugar, repelían, debido a lo falsas que se veían.

Esto me llevó a la siguiente conclusión: la perfección no existe. Es como El mundo de las ideas de Platón: todo es perfecto, todo es maravilloso, porque no es más que ideas, que *ideales*, que cosas que en la realidad no existen, y que precisamente por eso, porque no son de verdad, es que son tan perfectas y hermosas.

Cuando dicen la palabra *perfecto*, creo que uno se imagina algo muy, muy idealista. Sin errores, sin fallos, sin carencias: algo perfectamente perfecto, en todo el sentido de la palabra.

Y quizá por eso es que dicha palabra me desagrada tanto, porque me parece que no es más que una mentira, una ilusión, un fantasma que perseguimos pero que nunca encontraremos.

La perfección es un concepto irreal que sirve para volvernos locos y hacernos creer que no somos capaces de cosas de las que somos *más* que capaces.

Una amiga me dijo que no tenía que saberlo todo para ser artista, y me parece que es cierto. No tienes que ser una bailarina perfecta para poder bailar, al igual que no tienes que ser Chopin para tocar el piano, y eso no hace que lo que estás haciendo sea menos valioso. Pensar así me parece como dejar de vivir porque la vida no te vino con manual de instrucciones; es absurdo y estúpido.

No bailar porque vamos a sudar. No comer porque vamos a engordar. No vivir porque vamos a morir…

Y qué cosa tan estúpida hacemos, esa de no vivir la vida porque no será perfecta.

Qué cosa tan estúpida hacemos, matándonos por que todo sea perfecto cuando, sin serlo, *ya es suficiente*.

PD: Lo estuve analizando, y me parece que muchas veces intercambiamos la palabra *feliz* por *perfecto* en las frases que decimos, como por ejemplo, al afirmar "esa cita estuvo perfecta." Pienso que la cita no pudo estar perfecta, porque lo perfecto es lo ideal, lo sin errores, y algo sin errores no existe, algo perfectamente perfecto no existe; pero me parece que en esa imperfección *sí puede existir la felicidad*.

Por ejemplo, tú no eres perfecto, pero eres real y me haces feliz. No necesito que seas perfecto, porque con lo que ya eres es suficiente para mí —eres suficiente *para mí*.

Contigo no quiero cosas perfectas; quiero cosas reales, cosas auténticas, cosas felices, sin más. Esto es como lo de las mayúsculas de lo que te hablé en notas anteriores, ¿recuerdas?

Con las minúsculas, me es suficiente.

Con un tú imperfecto, pero que me hace feliz… con eso me basta y me sobra.

Otoño

de Fall for the both of us to stay in forever

me gusta el otoño porque
   es como tu rostro:

   lleno de estrellas, de constelaciones,
   de chocolate caliente y risas;
   cálido, colorido, de ensueño;
   tan hogareño que te hace llorar
   de felicidad,
   que te da nostalgia por los
   buenos momentos,
   que te hace querer que dure
   para siempre
   y…

   ¿y si hacemos eso, joder?
   ¿y si congelamos un otoño
   solo para los dos,
   para tú y yo,
   y nos quedamos a vivir en él,
   en sus (a)brazos

por la eternidad?

Confesión en menos de 30 palabras

—Es muy inteligente y peculiar; se interesa en cosas que a nadie más que a él le importan.
—Eso es…
—Por eso fue que me enamoré de él.

De trans a cis

Hay cosas por las que paso que nunca vas a entender, y esto se debe sencillamente a que no eres transgénero. Quiero que entiendas que eso no significa que quiero que lo seas, o que odio que seas cisgénero, o que *te odio por serlo* o que *secretamente te envidio* o algo así; no es NADA de eso. Lo que estoy diciéndote desde este momento, desde el principio, es que habrá cosas que me ocurrirán que no entenderás, que no podrás entender, y eso está bien.

Hay días muy buenos y otros extremadamente malos. Hay días en los que ni siquiera me importa cómo me veo, cómo me perciben los demás o qué ropa estoy usando, pero otros días me duele tanto todo el tema que lo único que me provoca hacer es llorar y desear haber nacido en otro cuerpo.

Recuerdo que una vez en específico miré mi reflejo en el espejo, y fue tanto el dolor que sentí (se llama disforia de género) que en todo el día lo que quise fue llorar. Tal vez esto sea algo que nunca llegues a comprender del todo, porque no te ocurre, no lo vives en carne propia, pero lo que quiero que hagas en estos momentos es abrazarme, decirme *ya pasará, verás que estarás bien en un rato*, y ya. No quiero que intentes explicarme por qué no debería deprimirme por tener el cuerpo que tengo o algo parecido, porque esas explicaciones solo me hacen sentir peor y más solo de lo que por sí me siento esos días.

Eres cisgénero, y quiero que entiendas que no veo esa palabra como un insulto, que no pienso que esté mal serlo, o que ustedes me parecen *opresores*. Eres cisgénero y ya; así como yo no decidí ser transgénero, tú tampoco decidiste ser cisgénero; no tienes la culpa de eso, al igual que nadie la tiene.

Sin embargo, por eso, porque eres cisgénero, nunca vas a comprender cosas que yo atravieso... y quiero que entiendas que *eso está bien*. No quiero que *vivas lo que yo vivo para comprenderlo*.

Con que lo respetes, lo juro, me basta.

Y, de hecho, te quería dar las gracias, porque respecto a todo el tema siempre has sido comprensivo (es decir, no me has dicho que estoy loco, que estoy fingiendo ser algo que no soy, que debería ir al psicólogo; no te has burlado de mí, de mi género, de lo que soy. Siempre me has tratado como una persona, como *un ser humano*, y sé que hasta cierto punto es triste tener que darle las gracias a alguien por ello, pero son cosas que no pasan siempre, y por eso es que te lo estoy agradeciendo con el corazón en la mano.)

Siempre intentas comprenderme, no te asustas ante mis charlas de horas y horas sobre mi género, expresión de género, opinión sobre lo que es masculinidad y feminidad (hay otra nota de esto, no te preocupes), sobre cómo me siento, lo que pienso, lo que opino de la sociedad y sus creencias de mierda, de sus filosofías basura y de lo enojoso que me resulta que se haga ver a la vida como una lista de supermercado que se debe cumplir, en lugar de una oportunidad asombrosa que no deberíamos desperdiciar.

Te lo agradezco desde el fondo de mi alma, porque me haces sentir como un igual, como que merezco ser tan feliz como tú, que no soy una aberración por simplemente ser yo, y no tienes idea de lo mucho que me has ayudado con ello.

Gracias por ser de mente abierta, por no juzgarme, por no creer que estoy loco. Gracias por quererme como soy, por no querer cambiarme, por no avergonzarte de mí. Gracias por ayudarme en mis días de disforia, por decirme guapo los días que miro el espejo y me siento menos comprendido, por quererme a pesar de que soy transgénero y…

Y sí, sé que esto último se escucha horrible (y no tienes idea de cuánto duele el siquiera pensarlo), pero cuando eres transgénero, esto de las parejas es un poco complicado, porque es como *¿cómo voy a pensar que alguien podría estar interesado en mí, cuando la sociedad me trata como un fetiche y las personas no me tratan como si siquiera fuera humano?*

No se trata de menospreciarnos; se trata de cosas que vemos a diario, que escuchamos día a día salir de las bocas de seres queridos, cómo somos unos *pervertidos*, unas *aberraciones*, unos *monstruos…*

Si esto es lo que siempre escucho que dicen de mí, ¿cómo voy a pensar que podría gustarle a alguien, o que alguna vez en mi vida tendré pareja? No se trata de que nos odiemos a nosotros mismos; más bien, por el contrario: la sociedad nos odia tanto que hace que pensemos que no tenemos ninguna oportunidad, pero no en sí por nosotros, sino *por todo lo que ellos dicen*.

Desde el momento en el que me admití que era transgénero, me dije a mí mismo: *lo más probable es que vaya a estar solo toda mi vida, porque sé que los demás no nos ven a los transgéneros como "personas"*. Es como… no lo sé. Somos *algo que está ahí*, pero que *no toman en serio*. Y dicen *sí, yo saldría con alguien transgénero*, pero al final no lo hacen. Y dicen *no, no soy transfóbico*, pero luego afirman que tus genitales importan más que el que eres una persona en sí…

Y no tienes idea de cómo duele que te rebajen a eso.

Y, ¿sabes? La cosa es que no juzgaría a nadie porque le gusten las vaginas en lugar de los penes, o viceversa; yo entiendo a la gente. Siempre la entiendo, en realidad…

Pero, ¿y quién me entiende a mí? ¿Quién entiende lo que paso día tras día simplemente por ser transgénero? ¿Quién entiende la mierda transfóbica que escucho a diario? ¿Quién entiende que eso me duele, que me hace sentir como si no valiera la pena, como si fuera mi culpa ser así (cuando NO LO ES, cuando NO PEDÍ SER ASÍ), como si estuviera mal intentar ser yo mismo y vivir una vida auténtica?

Y mientras, seguimos aquí, al fondo, como si estuviera bien que nos acostumbráramos a que nos hirieran, como si estuviera bien que nos acostumbráramos a que no nos traten como humanos.

PD: Y… pues, sí, como puedes observar, ser trans es difícil. No en sí por serlo, sino por todo lo que la sociedad dice de nosotros, por lo mal que nos tratan, por lo mierda que nos hacen sentir y, en general, porque desde pequeños nos dicen que debemos ser nosotros mismos, siempre y cuando ese *nosotros* sea lo que los demás quieren que seamos.

Degradado morado

de Brindis de estrellas

Me gusta que tú seas tú
  que yo sea yo
  y que a pesar de ser distintos
  te quedes conmigo

  Me gusta que me tomes la mano
  y que digas que con eso está bien
  que no necesitas más que con eso basta
  que no me presiones

  Me gusta que podamos ser nosotros mismos
  sin querer cambiarnos el uno al otro
  y que así sea(mos)
  suficiente(s)

  (…)

  Me gusta ¿sabes?

  ¡Muchísimo!

(…)

Me gusta que me dejes ser yo
Me gusta que no quieras forzarme
a ser algo que no soy
Me gusta cómo me quieres
Me gusta que me quieras
Me gusta quererte

(…)

Me
gusta
s.

Cómo Cumplí Mis Sueños

Una vez conocí a una señora cuya pasión y vocación en la vida era preparar café. Te estoy hablando completamente en serio y sin una pizca de sarcasmo; la vocación de esa mujer era hacer café, y se le notaba mientras lo preparaba. Lo hacía con una pasión, con una dedicación indescriptible, y cuando la miraba en todo el proceso me parecía que estaba presenciando algo mágico y digno de admirar.

No, no me refiero al preparar el café en sí —hablo de presenciar el ver a una persona mientras hace lo que le apasiona, su vocación, mientras hace lo que sabes que nació para hacer en la vida. Esto obviamente aún es algo un poco complicado, pero te contaré lo que pensé al ver a esa mujer preparar café y por qué para mí fue tan importante.

Opino que todos somos buenos en algo, solo que ese algo no es el mismo para todos. Yo soy bueno en escribir, pero soy malo en biología; mi hermano es bueno en idiomas, pero es malo en caligrafía; tengo un amigo que es un as en biología, pero que en matemáticas es malo —y eso es normal. De hecho, hasta pienso que es *como debería ser* porque, después de todo, sería muy injusto conocer a una persona que es buena en todo, ¿no crees? Porque, es decir, si hay una persona perfecta y que es buena en todo lo que haga, ¿qué se supone que hagamos los demás?

(Volvamos a mi premisa principal:) Todos somos buenos en algo. Ahora, a eso se le añade esto otro que pienso: nuestra misión a medida que crecemos es descubrir qué es ese algo, y aprender a sacarle provecho.

Por eso esta mujer de la que te hablo me parece una de las personas más inteligentes del mundo entero: aprendió a sacarle provecho a saber hacer café, y vive de ello. Si me preguntas, no, no me parece algo tonto. No me parece ridículo o fantasioso, y tampoco que ella lo hace por necesidad o algo así; se le nota mientras hace café que eso es lo suyo, que es lo que ama hacer, su vocación.

Cuando comencé a escribir, mi familia insistía en que debía dejar de hacerlo porque, según ellos, nunca me generaría ingresos. Les creí, no te voy a mentir; ¿qué iba a estar pensando yo que alguien me pagaría por decir un montón de cursilerías? ¿Qué iba a estar creyendo yo que alguien me pagaría por hablar sobre ser débil, sobre mi vulnerabilidad, sobre lo que sentía, que me pagaría por contar cómo se me había ocurrido un día que una persona podía enamorarse de otra?

Te lo explicaré de forma simple: no lo pensé NUNCA. Jamás pensé que alguien realmente llegaría a pagar para leer algo que había escrito, que alguien valoraría lo que escribía hasta el punto de pagar por ello y, más que eso, recomendarme.

Nunca de los jamases.

Pero, ¿sabes qué pasó? Yo sentía que escribir era lo mío, que había nacido para ello, y por eso no pude dejar de hacerlo (me sentía mal cuando no escribía, cuando no plasmaba lo que pensaba o lo que sentía en un papel, en una hoja en blanco).

Lo demás es historia (una que creo que conté en otra nota, si mal no recuerdo), pero ese no es mi punto; mi punto es que actualmente gano ingresos escribiendo, ingresos significativos (y con la economía tan inestable del país, hasta podría mantenerme solo con ese dinero), y es así porque creo que aprendí a hacer lo mismo que esa señora del café: identificar aquello en lo que soy bueno, esforzarme en ello y sacarle provecho.

Sin embargo, esto no es tan fácil como suena, y por eso lo voy a explicar un poco más en esta nota que me gusta llamar Cómo Cumplí Mis Sueños.

(Si esto fuera un comercial, ahora es cuando haría un guiño y luego hablaría con voz de presentador, así que imagina que hice eso.)

Comenzaré por lo más básico: identifiqué en lo que era bueno. En mi caso fue escribir, pero también estaba la música, cosa que tampoco dejé a medida que escribía. En realidad el momento en el que comencé a escribir no lo hice porque pensaba que era bueno en ello, pero hoy en día agradezco no haber dejado de hacerlo. Después de todo, sé que no sería bueno actualmente si hubiera dejado de escribir años atrás.

El segundo paso fue buscar fuentes de información que me fueran útiles. Busqué en internet más que todo (artículos, blogs, charlas, consejos), y me uní a grupos que tuvieran los mismos intereses que yo en lo que hacía, es decir, grupos de escritura. Yo nunca publicaba nada en ellos, pero simplemente estar allí ya me servía. Esas personas me motivaron a aspirar más alto, porque los veía y decía *si ellos pueden, ¿por qué yo no?*, así que pienso que rodearse de gente con los mismos intereses que uno es importante —y hoy en día con la globalización es más fácil y posible.

El siguiente paso fue practicar. *Esto es lo más importante de todo*, y es triste que muchas personas lo ignoren. Si bien Beethoven era un genio, tuvo que practicar, ensayar, estudiar mucho para lograr hacer todo lo que hizo. El talento es algo bueno, pero lo crucial es la persistencia. ¿De qué me servía tener la mejor idea del mundo para un libro, si lo iba a dejar al siguiente día? La persistencia es la clave para llegar lejos, y eso no lo debemos olvidar nunca.

De nada sirve que seas la persona más talentosa del universo si nunca trabajas ese talento, si nunca estudias, si abandonas las cosas a los dos días porque es que *era demasiado fácil* o *porque da fastidio*. Nadie llega lejos abandonando las cosas a los dos días por fáciles, por difíciles o porque le dieron fastidio.

Lo siguiente fue llenarme de motivación. Para esto también sirvió internet y los grupos de escritura que te mencioné: ver a todas esas personas me inspiró y me dio motivos para seguir esforzándome en cumplir mis sueños. No obstante, eso no fue lo único: también tuve que buscar muy dentro de mí por qué quería hacer lo que estaba haciendo, por qué quería escribir un libro, por qué no me daba por vencido. La mayoría de estas respuestas eran cortas y simples, pero eso no importaba, porque eran reales, y eso era suficiente para seguir andando.

Sin embargo, las cosas no son tan sencillas. Es fácil decir el día 1 que quieres escribir un libro, pero cuando han pasado 50 días y no has avanzado mucho, cuando ves que te queda mucho camino aún para llegar a tu meta, cuando te das cuenta de todo lo que debes esforzarte y que tus ánimos no están tan elevados, lo más probable es que quieras pausar las cosas o quizá abandonarlas. Y no, no hay ningún problema con querer pausar las cosas... el problema está en que esa pausa se convierta en un abandono, porque al final eso termina pesándonos en lo más profundo del alma...

Te contaré lo que hacía cuando estaba muy desanimado: me tomaba una pausa. Cuidaba que ella no fuera tan larga que pasara a ser abandono, pero no te niego que muchas veces me provocó hacerlo o la idea se me pasó por la mente. Creo que es algo normal, algo que nos pasa a todos llegados a un cierto punto, pero lo importante es no dejarse vencer ante estas cosas. Al fin y al cabo, nadie recuerda a las personas que se rinden antes de llegar a la meta, las que abandonan las cosas a la mitad.

Lo otro que hacía era esto: ver las cosas paso por paso. ¿Mi meta era escribir un libro de 50 mil palabras? No lo veía así; mi meta era escribir mil palabras un día. ¿Al siguiente día? Mil palabras más. Avanzaba de a poco, pero siempre enfocándome en el siguiente paso, *solo en el siguiente*, y no en la meta y cuán lejos estaba de ella. De haberme enfocado únicamente en la meta (y no en el siguiente paso que debía dar, que fue como hice), me habría dado tanto miedo y ansiedad que no habría avanzado nada de nada.

Y si me preguntas si avanzar tan lento no me afectaba o algo así, responderé lo siguiente: es mejor mil palabras al día que ninguna palabra nunca. ¿Recuerdas la historia de la tortuga y la liebre? Es eso. Se trata de la persistencia, no de la rapidez.

Lo siguiente que hacía era no esperar que las ganas y la inspiración me llegaran siempre. Una vez tuve una conversación interesante con un amigo artista, y me dijo que le parecía que la inspiración no existía, que uno solo debía sentarse a trabajar. No diré si estuve de acuerdo o no con él, pero sí compartiré uno de los mejores consejos que he oído en mi vida: trabaja, que la inspiración te encuentra allí, echándole ganas y esforzándote.

Había días en los que no quería hacer nada, en los que estaba desmotivado por miles de razones (que más que todo tenían que ver con lo desesperanzadora que se me hacía la situación del país), pero me decía a mí mismo que nadie que se acostara en su cama todo el día sin moverse para hacer nada cumplía sus sueños. Al menos, no si eran de magnitudes como las mías, por lo que me ponía a trabajar, a pesar de que no siempre *quisiera* trabajar…

Mi filosofía era esta: despertarme temprano, acostarme tarde y nada de días libres hasta cumplir mis sueños.

(Aclaro que es distinto días libres y descansar cuando fuera necesario, porque tampoco era que iba a dejar de dormir ni mucho menos, eh, porque sabía que eso me haría daño y la idea nunca fue lastimar mi cuerpo o mi cerebro. Como lo mencioné en otra nota, los descansos son necesarios, pero exagerar con ellos es peligroso…

En realidad se trata de un balance. Todo en la vida es un balance, y es importante tenerlo claro.)

Aquí otro factor a tener en cuenta: tuve que conseguir algo que me diera dinero mientras esperaba a que mi vocación me recompensara monetariamente lo suficiente como para dedicarme solo a ella. Creo que esto era lo más difícil y estresante de todo, porque ese algo que hacía no me atraía demasiado, además de que, en vista de que no era lo que me apasionaba, no me emocionaba mucho ni nada por el estilo… pero tuve que hacerlo mientras tanto, porque no me iba a quedar sin comer.

Sin embargo, finalmente llegó el día en el que pude decirle adiós a eso que no me gustaba tanto para dedicarme a lo que de verdad quería. ¿Cuánto tiempo fue ese mientras tanto? Unos cuantos años. Literalmente: fueron *años*. No fueron para nada fáciles, considerando que tenía que esforzarme en algo que no me gustaba, ponerle empeño, sin contar TODA LA ENERGÍA que ello me quitaba, y como un extra, tenía que seguir trabajando en la escritura, poniéndole también empeño, amor, esforzándome para ser mejor y crecer.

Lo repito en caso de que no haya quedado claro: *fueron años difíciles*. Luchar por cumplir tus sueños es difícil, pero al final vale la pena.
(…)
Estas cosas, teóricamente hablando, son sencillas. Esforzarte, tener paciencia, luchar… Eso es fácil. *Decirlo es muy fácil*. Sin embargo, el vivirlo en carne propia… esperar todos esos años… eso no es para nada fácil, y creo que cualquiera que lo haya vivido podrá decir lo mismo.

Sin embargo, vale la pena. Al final vale la pena.

Contigo puedo ser débil

Algo que me gustó de ti desde el principio es que no me juzgas. Nunca. No importa si ese día soy Supermán o un niño pequeño; para ti sigo siendo igual, me sigues queriendo, sigo siendo yo. Una vez me preguntaste cuándo había sido la última vez que no había sentido que tenía que cuidar cada palabra que dijera, cada cosa que hiciera, y te respondí que jamás. Ese día me sorprendiste con tu pregunta, porque no es una común. Supongo que yo también te sorprendí con mi respuesta.

Contigo puedo ser débil. Cuando estoy contigo, no tengo que ser más que yo, no tengo que ser perfecto. No tengo que fingir ser algo que no soy. No tengo que actuar para agradar; yo soy un desastre y así y todo me quieres. A veces me pregunto por qué lo haces, pero en esta ocasión solo te voy a agradecer.

Gracias. Porque puedo ser yo mismo contigo. Porque no me juzgas sin importar cuán desastroso sea, cuán descabellado sea lo que digo. Porque no me tomas por loco sin importar cuán loco suene. Porque no me pides ser fuerte —porque tú también te conviertes en mi Supermán.

Pienso que la verdadera prueba de amor está en quitarse la máscara ante alguien. Ahí le estás demostrando a esa persona que de verdad confías en ella. Sin embargo, lo que esa persona haga será determinante: te juzgará y dirá que es horrible que estés tan roto, que no va a soportar eso, que no podrá ser nada de alguien con tantas cicatrices...

O se quedará. Eventualmente también se quitará la máscara y ambos verán todas las cicatrices que tiene el otro, pero, en mi opinión, la parte más importante es si se queda o se va cuando tú te quitas tu propia máscara. Qué dice. Cómo te trata después de habértela quitado. Si se aprovecha de esa debilidad, o intenta repararte un poco lo que tienes roto.

Gracias, querido Inmortal, porque contigo puedo ser débil. Porque me he quitado la máscara contigo y después me has tratado igual. Porque has hecho que desaparezcan muchas cicatrices sin que siquiera te des cuenta.

Porque, aunque no lo veas, me reparas.

Masculino, femenino y otros conceptos abstractos

Ya sabes que pensar en las cosas que me interesan, a pesar de que a nadie más le interesen, es de mis actividades favoritas en todo el mundo, y en este preciso momento estoy aquí porque voy a contarte un poco de algo que creo que entra en esa categoría a la perfección.

Debido a que soy transgénero, más específicamente género no binario, he pensado muchísimo en esto de *femenino* y *masculino*. (Y tal vez en esta nota hable un poco del machismo, el sexismo y el patriarcado, pero son efectos colaterales de todo este tema; te juro que no es lo principal que quiero abordar, pero sí reconozco que es algo que tiene que ver más de lo que me imaginaba, por lo que es imposible obviarlo.)

Si un chico usa ropa rosada, le gusta la poesía, llora con películas tristes, le gusta el género romance, usa muchos *emojis* en las redes sociales, le gustan los arcoíris y otras cosas tiernas y/o coloridas en general… Nadie pensará que es un chico delicado o sensible; lo que pensarán es que es gay, y lo sé porque lo he visto con mis propios ojos miles de veces, y lo que más me enoja de todo este asunto es que, al pensarlo, lo hacen de forma despectiva, como si ser gay fuera malo, *como si ser tú mismo fuera malo.*

Si este chico, en lugar de chico, fuera una chica… sería completamente "normal", porque *estaría siendo una chica…* Y eso, como es de esperarse, me hizo pensar en exactamente lo contrario: si una chica usa ropa estereotípicamente de chico, dice groserías, se la pasa con amigos varones más que todo, escucha música pesada y no le gustan las flores, el rosa y otras cosas tiernas, es una "machorra" pero, a diferencia de los "chicos gays", esta chica es *cool*.

Y, ¿sabes por qué ella, una *machorra*, es *cool*, y un gay es una vergüenza, un insulto, algo despectivo? Porque, según la sociedad, ser una chica es algo de lo que avergonzarse.

Según la sociedad, *ser una chica es humillante*.

Piénsalo: si un chico fuera igual a esta "chica machorra", no estaría siendo un "machorro"; estaría simplemente "siendo un chico". ¿Esto quiere decir que esa es la descripción de *masculino*, y que ser como el gay de hace tres párrafos es ser *femenino*? ¿O para él, en lugar de femenino, es afeminado, una marica, un maricón? —y pare de decir palabras despectivas que dan a entender que ser lo que se espera de una chica está mal.

Con esto no estoy diciendo que los chicos sean opresores o algo parecido; lo que estoy diciendo es que la sociedad nos ha metido ideas en la cabeza, y las tenemos tan arraigadas que nos cuesta darnos cuenta de que están ahí y que no todas son tan ciertas como siempre hemos asumido.

Por ejemplo, después de pensarlo muchísimo, llegué a la conclusión *personal* de que esto de ser *masculino* o *femenino* es más una percepción que algo real. Porque si un chico hace algo *femenino*, eso no lo hace menos chico, y al final del día seguirá siendo un chico... y lo mismo ocurre con las chicas: si eres una chica, pero usas, por ejemplo, un smoking, seguirás siendo una chica, porque cómo te vistas o cómo actúes no define o altera lo que eres.

Por esto, los conceptos de *femenino* y *masculino* me resultan bastante, no lo sé, ¿interesantes?, porque me parecen que no son más que la forma de ser de las personas. Si eres un chico, y eres sensible, eso no afecta que seas un chico. Si eres una chica y eres, no lo sé, ruda, eso no te hace menos chica.

No creo que la gente sea *femenina* o *masculina*; pienso que la gente simplemente es ella misma, sin más.

Mi género es no binario, y este es un término amplio, pero el mío, en lo personal, se inclina más hacia el *chico* (si los géneros fueran una barra o una escala, por supuesto), por lo que he intentado, en ocasiones, verme de forma más *masculina*. Algunas de las cosas que he probado han sido no usar maquillaje, no depilar mis piernas, y mi favorita: vestir camisas de mi hermano.

Y recuerdo un día particular que hice esto último, pero la camisa era demasiado calurosa, y el ambiente de este país, más específicamente en esta ciudad... bueno, ya sabes cuánto calor hace en Puerto la Cruz, y el punto es que usar la camisa me estaba matando un poquito por dentro (cuando tengo demasiado calor, se me baja la tensión, y cuando esto pasa, puedo llegar a desmayarme, así que, si lo piensas bien, no estoy exagerando tanto), pero yo estaba tan empeñado en verme más *masculino* que no quise quitármela por nada del mundo.

No, no me desmayé, ni me pasó nada que atentara contra mi salud o mi bienestar personal, pero tampoco me quité la camisa ni pensé en hacerlo, hasta que, mientras el sudor me corría por la espalda, los brazos y el cuello, me di cuenta de que esa camisa no era más que una tela, igual a todas las telas que hay en el mundo, y que usarla no me hacía más o menos chico. Era una tela; ¿cómo una tela va a hacerte más o menos chico?

En ese momento estaba usando esa tela, pero podría haber sido cualquier otra del mundo entero y yo seguiría siendo lo que era (lo que *soy*), seguiría siendo yo mismo, seguiría siendo el género que yo sabía que era, porque, al fin y al cabo, era simplemente una tela.

A mi mamá le gusta mucho pintarse las uñas de una forma más sofisticada que lo usual, y últimamente no le refuto cuando me pregunta si puede pintarme las mías para practicar dibujar los diseños, las estampas y demás. Antes este era un tema que me afectaba muchísimo, pero me di cuenta de que una pintura de uñas es simplemente una pintura, tal como una pintura de pared, carro, puerta, lo que sea, y que el usarla no te hará más o menos chico porque, después de todo, es simplemente una pintura.

Cómo me vean las demás personas no afecta lo que soy. Usar esta o cual ropa no afecta lo que soy, al igual que tampoco lo afecta el que me maquille.

Y… sí, creo que esa es mi opinión sobre ser masculino o femenino: lo único que existe es gente que simplemente es ella misma. Usar esta u otra ropa no te hace menos el género con el que te identificas, y dicho género, sea cual sea, no es menos que ningún otro, y esto, en definitiva, incluye el *ser una chica*.

No tienes que ser una chica para ser feminista, al igual que no tienes que serlo para no estar de acuerdo con el machismo, sexismo y el patriarcado. No soy una chica, pero pienso que ellas son geniales, maravillosas, asombrosas, y que no hay absolutamente nada de malo con ellas, con ser ellas, y que merecen ser tan felices como cualquier otra persona.

Castor y Pollux

de Brindis de estrellas

Que tu alma
  no esté
  en llamas

  Que tu alma
  sea
  la llama.

Mis mayores miedos

~~~~~~~

(a) Le tengo miedo a la oscuridad. Cuando era pequeño, mi hermana una vez me asustó mientras estaba en la sala. Había una luz que estaba apagada en un cuarto, que podía iluminar todo el pasillo, por lo que fui a encenderla... pero cuando lo hice, mi hermana salió de ese cuarto asustándome, haciéndome gritar y llorar, y te juro que desde ese momento le tengo miedo a la oscuridad.

De paso, desde ese momento casi nunca me asusto por NADA, pero el punto no es ese: el punto es que le tengo miedo a la oscuridad, porque no sé qué puede haber en ella, por lo que espero que seas tú quien apague las luces antes de irnos a dormir.

(Estuve pensando un poco mientras escribía esta nota, y llegué a la conclusión de que soy una persona que no le tiene miedo a cosas *típicas*. No me dan miedo las alturas, no tengo miedo de las culebras, insectos, arañas, cucarachas, nada de eso. No me dan miedo las armas, no me da miedo el fuego, no me dan miedo los animales grandes...

Pero, ¿sabes a qué sí le tengo miedo? A cosas que pienso, a cosas emocionales, a cosas mentales, como las que mencionaré a continuación.)

(b) Le tengo miedo a sentir que todo fue en vano. Esto ocurre cuando te esfuerzas al máximo y te das cuenta de que, a pesar de ello, las cosas no salieron como querías, como esperabas, como las habías planeado...

Y sí, sé que es tonto temerle a esto, porque pasa más a menudo de lo que puede calcularse, pero el caso es que odio sentirme de esa manera, odio esa sensación de derrota en la boca, odio darme cuenta de que invertí mi tiempo en algo que no me dará ningún tipo de frutos, porque hace poco entendí que el tiempo es lo único que nunca recuperas, así que odio sentir que lo perdí.

Ese fue uno de los mejores consejos que me dieron alguna vez en la vida, ¿sabes? Una profesora de química general nos lo explicó a la clase entera: lo más valioso del mundo no es el dinero, sino el tiempo, porque el dinero se recupera, pero el tiempo no.

(c) Le tengo miedo a morir sin haber vivido. Esto obviamente se relaciona con el punto anterior, pero quise nombrarlo por separado porque creo que se lo merece.

No quiero llegar a viejo y decir *joder, desearía haber vivido más mi vida, haberla disfrutado más, haber hecho más cosas de las que me gustaban, haber dicho lo que sentía, haber abrazado a quien quería, haber oído esas canciones que tanto me gustaban, haber sido más feliz...*

No quiero llegar al final de mi vida y lamentarme porque no la viví.

En realidad, ahora que lo pienso, este temor no es tanto un temor como es *un no quiero que esto me pase, por lo que trabajaré para que no sea de esa manera.*

(d) Tengo miedo de decepcionarme a mí mismo. Como bien sabes, soy transgénero, pero cuando finalmente lo acepté, me odié a mí mismo durante meses. No podía soportar verme en el espejo, no porque odiara mi cuerpo o algo así, sino porque me odiaba por habérmelo negado durante tantos años.

A veces lo pienso y me parece que siempre lo supe, solo que tenía tanto miedo de lo que los demás pudieran decir que me lo reprimía. Tenía miedo de lo desconocido, de decepcionar a mis padres, a mi familia en general, que me llamaran loco, que no me creyeran, que pudiera perder amigos... Tenía muchísimo miedo, por lo que durante años renuncié a ser yo mismo, y por eso, cuando finalmente me atreví a serlo, sentí un odio tan grande contra mí que fue casi imposible superarlo.

Por eso, hoy en día tengo miedo de decepcionarme a mí mismo. Tengo miedo de rendirme ante las críticas, de decir que todo esto de ser transgénero es un chiste o algo parecido, pero no por mí, sino por todo lo que las demás personas me digan.

El día en el que finalmente acepté que no era una chica, me miré en el espejo en un determinado momento, y te juro que vi a una persona tan feliz que lo único que deseé fue poder verla así siempre. Ese día ni siquiera me importaron mis mejillas tan prominentes, mi pecho abultado, mi voz aguda; lo único que vi fue un niño feliz porque finalmente era él mismo, y creo que lo que más temo en el mundo es decepcionarlo.

No quiero renunciar a ser yo mismo. No quiero renunciar a una vida auténtica, una vida honesta, una vida feliz, solo porque alguien más lo dice, porque unas reglas tontas lo dictan, aunque yo no esté de acuerdo con ellas.

(Y aprovechando que estamos aquí, te contaré otra cosa. Hace años, estaba tocando con un amigo. No tocábamos el mismo instrumento, pero lo importante es que estábamos ensayando una pieza, y él comenzó a hacerme preguntas como una técnica para llegar a un cierto sentimiento que quería que transmitiéramos al tocar dicha pieza…

Me preguntó *¿quién eres?*, y, ¿sabes lo que hice? Me eché a llorar y me fui corriendo al baño.

Cuando lo pienso ahora, me parece que en ese momento reaccioné así porque sabía que el nombre que me asignaron al nacer no era *el mío*, que ese género que me asignaron según mis cromosomas *no era el mío*, y que ya era algo tan pesado para mí de soportar que no pude evitar que una pregunta tan simple y a la vez compleja como esa me afectara. Fue como una ola que lo barre todo a su paso, que deja ver lo que está firme, con la diferencia de que todavía no entendía qué ocurría realmente, porque ni se me pasaba por la cabeza que pudiera ser transgénero debido a todos estos miedos que ya te dije que tenía.

Durante años estuve buscando algo desesperadamente. Entre mis diecisiete y dieciocho años se hizo muchísimo más notorio, y tanto era así que había noches enteras que las pasaba llorando, preguntándome qué era eso que buscaba con desespero y, más que eso, dónde podría encontrarlo. Incluso comencé a pensar que ese algo no existía, y que era por eso que no lo encontraba, porque no era real…

Hasta que un día entendí que eso que tanto estaba buscando era a mí mismo.

Por eso me da miedo perderme, ¿entiendes? Porque pasé tantos años buscándome que, joder, dejarme ir sería la cosa más estúpida que podría hacer.

Por eso me da miedo decepcionarme a mí mismo, ¿ves? Porque ese niño que durante años estuvo dentro de mí batallando para no dejarse morir por los miedos, ha resistido demasiado como para decepcionarlo así como así.)

(e) Tengo miedo de volver a ser la misma persona de antes. Como también más que bien sabes, hubo un período de mi vida en el que me cortaba (usaba una tijera y cuchillos de la cocina; eso de las hojillas en mi casa no existía, y yo tenía que improvisar). Sin embargo, quiero que sepas que en ese mismo lapso de tiempo no comía a propósito; en la mañana probaba un pan, en la tarde me tomaba un jugo, y esto era lo único que consumía durante semanas.

Quiero que entiendas que hacía todo esto porque quería matarme lentamente por dentro, quería torturarme, y no porque en sí quisiera terminar con mi vida. Yo podría estar deprimido, pero no era estúpido; sabía que quitarme la vida sería mucho más fácil, pero no era eso lo que quería; yo quería hacerme sufrir, quería lastimarme lentamente, y sabía las consecuencias de no comer correctamente.

Durante ese tiempo, como es obvio, estaba muchísimo más cansado y sin ánimos de nada que nunca. Hasta la tarea más simple, como caminar un pasillo o leer un poema, representaba un reto colosal, y precisamente por eso lo hacía: *quería hacerme sufrir*. No sé por qué exactamente (nunca lo comprendí, y quizá nunca lo haga), pero sentía que me merecía miles de castigos, de penas, de sufrimientos, humillaciones, dolor, y como no había persona que pudiera castigarme mejor que yo mismo, sencillamente lo hice.

Y fue la peor mierda del mundo, porque como consecuencia me sentí *tan* mal que de verdad estuve a punto de quitarme la vida en dos oportunidades.

(De paso, esto es un extra: le tengo miedo a cuando siento demasiada hambre por eso, porque recuerdo cuando me torturaba a mí mismo dejándome sin comer y me dan unas ganas de llorar terribles. Siento que ese monstruo que me hizo la vida imposible por meses ha regresado para seguir con su tortura hacia mí, aunque ese monstruo era yo, lo que lo hacía todo muchísimo peor...

Y como otro extra, solo porque sí: le tengo un ligero temor a las ligas de goma, porque solía golpearme con ellas en las muñecas cuando intentaba dejar de cortarme. Se suponía que lo hacía para superar un trauma, y lo que hice que adquirir otro; ¿no es irónicamente estúpido? Y luego viene mi madre a decirme que ir a un psicólogo es innecesario...)

Y sí, por eso es que tengo miedo de volver a ser la misma persona de antes: porque esa persona es un monstruo, y no quiero que regrese. Cuando vuelvo a sentirme como esos días por cosas mínimas, como lo del hambre, los dolores punzantes en mis brazos o piernas, los ataques de ansiedad que me daban en el baño de la orquesta en los que me provocaba rasguñarme, golpearme, halarme el cabello; cuando siento cosas parecidas a esas, aunque sea por accidente, me da tanto miedo que no puedo explicarlo.

Mi primer impulso inconsciente es llorar y temblar, porque temo que ese monstruo regrese, que esos días regresen, y que vuelva a sufrir tanto como en ese entonces que parecía no tener fin.

(Tal vez todo esto parezca tonto, pero es difícil para mí escribirlo, contarlo, finalmente dejarlo salir. Durante años le tuve miedo a un monstruo, y ese monstruo era yo mismo. La persona que más me lastimaba era yo mismo, tanto emocional como físicamente, y comencé a tenerle miedo a esa persona, porque sabía que me iba a lastimar, que no tenía problemas en hacerlo, que no tenía miedo alguno de hacerlo.

Mientras escribo esto, estoy llorando, porque contar estas cosas es tan jodido que no puedo reprimir las lágrimas.

Y, ¿sabes algo? Ya no me odio; odio a la persona que solía ser. Odio ese monstruo que me lastimaba, porque a medida que lo pienso, más me parece que ese monstruo en realidad no era yo. No es el yo que justo ahora te escribe este libro, que escribe novelas, que escribe poemas, que ayuda a tanta gente con sus problemas a través de historias y frases…

Ese monstruo que me lastimaba no era yo, y por eso temo volver a convertirme en esa persona, porque *de verdad no era yo*. Esa persona estaba herida, estaba triste, estaba rota, y buscaba cortarse para liberar su tristeza, pero no entendía que esos cortes más bien le iban a hundir cada vez más y más en un hoyo profundo.

Esa persona se cortaba para ser libre, pero al hacerlo se hacía más y más prisionera de sus propios ecos vacíos, solo que no lo entendía.

Fueron unos meses de mierda, fue un año de mierda, mi vida se sintió como una completa mierda en ese momento, pero de alguna forma logré superarlo.

Y hoy en día estoy aquí, todavía, luchando contra algunos de esos fantasmas que no son más que proyecciones propias en mi cabeza, escribiéndote algo que quiero que sea lindo, pero que duele como el infierno porque es demasiado honesto.

Y hoy en día estoy aquí, lo seguiré estando, estoy seguro, mientras te cuento sobre mis miedos para que entiendas por qué odio ciertas cosas, por qué reacciono de tal o cual forma ante la mención de este u otro tema, por qué soy como soy y por qué pienso como pienso.)

(f) Yo… durante años le tuve miedo a la vida, y por eso no la vivía, hasta que entendí que no vivirla era el desperdicio más grande de la existencia. Después de todo, comprendí, la belleza de algunas cosas se halla en que no son eternas, y que por eso, porque algún día van a terminar, es que deben disfrutarse.

PD: Me parece que el *self-harm* es como partirse un brazo: cuando tu cuerpo está recuperado de él otra vez, te dicen que estarás como nuevo, pero sabes que no es así; algo se ha roto dentro de ti, y ese algo nunca volverá a estar como antes. Tienes secuelas inevitables, secuelas que permanecerán contigo por el resto de tu vida, lo quieras o no admitir, te guste o no.

Y cada vez que va a llover, lo sientes en los huesos. Cada vez que llueve, sientes el dolor de nuevo bajo la piel, sin importar cuánto lo quieras evitar…

PD2: Escribir esta nota me ayudó a desahogarme, a liberarme de cargas que había estado reprimiendo por años, y como un extra hizo que entendiera por qué le tengo miedo a los ataques de ansiedad: porque mi mente teme que regrese a mis años oscuros, que todo eso regrese, que el monstruo regrese.

Pero, ¿sabes qué es lo mejor de todo?

Que finalmente he entendido que ese monstruo no volverá nunca. Después de todo, ya no existe.

O, al menos, *ya no más*.

Mi jardín favorito

el jardín más hermoso
 de todos los que he podido admirar
 en la existencia
 es el que tienes en el
 pecho.

 no en la superficie,
 no por fuera;
 debajo de la piel,
 donde solo los que te conocen muy bien
 (los más afortunados)
 han podido ver,

 y donde hay más luces
 que una ciudad de noche,
 más música
 que un concierto en vivo,
 y más felicidad
 que en las mismísimas estrellas porque allí
 (en tu pecho)
 es donde
 crece
 vida.

Eres

Cuando comencé a escribirte todo esto, lo hice porque quería volverte más que solo tú. No porque *solo tú* no fuera suficiente, porque créeme que lo es (lo es para mí, *lo eres* para mí), pero me pareces alguien tan maravillosamente asombroso que quise volverte eterno aunque fuera un poquito.

Como bien sabes, te he escrito más de treinta poemas, tres cartas de amor (y ahora estoy aquí, escribiéndote este libro), por lo que es obvio que ya pasaste a ser *mucho* más que solo tú...

Y aquí quise enumerar esas cosas que has pasado a ser *además de ti*:

Eres Princesa, eres petunia, eres sofía valentina, eres estrella. Eres un koala azul, eres musa, eres música, eres poesía. Eres un arcoíris, eres colores, eres luz, eres café. Eres letras, eres suspiros, eres pensamientos, eres té. Eres un cielo lila lleno de estrellas, eres un sueño, eres lienzo, eres real.

Eres palabras mías, eres minúsculas, eres arte, eres para siempre.

Pero, ¿sabes qué eres más que ninguna otra cosa en la existencia?
(...)
Mi casa.

Feo con mucho orgullo

La belleza es algo bastante complicado, porque depende del concepto de belleza que tenga cada persona. Por lo general, la gente dice que algo es lindo según los conceptos de belleza que tiene la sociedad, y el detalle está en que yo no comparto esos conceptos.

La sociedad te dice que para ser *linda* debes tener el pelo perfecto, la cara, perfecta, el maquillaje perfecto, que debes tener la ropa perfecta, la estatura perfecta y pare de contar. La sociedad lo que dice es que, para ser linda, debes ser perfecta, y si hay algo en lo que yo *no* creo es en la perfección.

Pienso que la belleza está en la honestidad. Si alguien es honesto, si es él mismo, para mí eso esa es una persona hermosa, no la que usa más maquillaje o se viste de tal y cual manera.

Por ejemplo, cuando tenía conciertos o cosas así, me arreglaba mucho, y la gente decía que me veía *hermosa*, pero yo sentía que eso no era real, que estaba mintiendo, y no me sentía *hermosa* en lo absoluto. De hecho, me sentía como una mierda, porque le gustaba a las demás personas porque era algo que no era yo.

Y eso era lo peor del mundo.

Hubo un tiempo (cuando me cortaba) en el que no comía. La gente me decía que me veía *muy bonita*, porque estaba mucho más flaco que de costumbre, pero era horrible, porque lo que ellos consideraban que era bonito me estaba matando lentamente. Era como *¿cómo puedes decir que me veo bonita, cuando por dentro me estoy muriendo?*

Y podría decirse que desde ahí mi concepto de belleza cambió.

Y, ¿sabes algo? Si ser bonito significa ser algo que no soy, fingir para que otros aprueben mi existencia, o adaptarme a conceptos vacíos e infelices, entonces no, no quiero ser bonito.

Si ser lindo significa renunciar a ser yo mismo, entonces esto de ser feo es lo más hermoso y maravilloso que me ha pasado en la vida.

PD: Como creo que sabes, actualmente estoy leyendo Anna Karénina, y algo que definitivamente llamó mi atención del libro es que Anna era hermosa, era la mujer más hermosa que pudieras imaginar, pero no era feliz. Darme cuenta de ello me puso a pensar muchísimo ¿La belleza es lo que da felicidad? Porque, si la respuesta es sí, ¿por qué Anna era infeliz? ¿No será que toda nuestra vida hemos vivido engañados?

En otro libro que leí hace poco, ocurría algo parecido. Había una muchacha que era hermosa, era extremadamente preciosa, pero lo era tanto que temía por su vida. Temía que la violaran, amenazaron a su papá para que le dejaran casarse con ella (aunque ella ya era casada, y esto solo fue peor, porque el hombre en cuestión iba a matar a su esposo para poder casarse con ella...)

Y, como es obvio, todo esto me pareció muy interesante. Hizo que me dijera a mí mismo: *bien, imaginemos que me esfuerzo por ser "bonita", uso maquillaje, vestidos, zapatos altos, me plancho el cabello y demás. Luego, ¿qué sigue? ¿Se supone que eso es lo que me va a hacer feliz? Porque si ese es el concepto de felicidad que tiene la sociedad, bueno... ¡Qué felicidad tan vacía y plástica!*

Y esa no es la clase de felicidad que yo quiero.

Anna Karénina era hermosa, pero no era feliz. Yo soy feliz, aunque no soy *bonito*, y eso me llena de una alegría tan grande que no puedo describirlo.

Si ser lindo significa dejar de ser yo mismo y no quererme ni un poco, entonces no, no quiero ser lindo.

Si ser feo significa ser yo mismo y no querer cambiarme por lo que otros digan de mí… pues entonces, sí: *qué orgulloso me siento de ser feo.*

Flor azul

tómame por completo,
  y que no dure solo
  dos segundos.
  acércate, abrázame;
  no quiero pertenecerle
  a nadie más, nunca más.

tómame las manos,
mírame a los ojos
eres mi casa,
¡al fin lo he entendido!

tómame
por
completo...

esta flor pertenece a tu jardín
desde mucho, mucho antes de
siquiera
ser una semilla.

pd: este es el treinta y cinco, creo.
y la lista no hace más que crecer.

Soy cursi, y tú una flor

no había caído en cuenta de lo cursi que era hasta que me encontré a mí mismo hablando contigo de qué flores éramos en el jardín del otro.

te juro que nunca antes se me había pasado por la cabeza de forma *real* que es posible que sea cursi; yo simplemente soy así; es mi manera de ser, mi forma natural; soy yo siendo yo mismo.

pero lo que sí reconozco es que, cuando se trata de ti, soy como… como una canción a la que le suben el volumen respecto a eso específicamente.

contigo, ser cursi me sale natural, y lo digo en todo el sentido de la frase (y la prueba es que estoy aquí, pensando en ti y en tu risa, mientras escribo una nota que lleva en el título *eres una flor*, perteneciente a un libro que estoy escribiendo específicamente para ti, lleno de poemas, pensamientos y otras cosas tiernas que solo me vienen a la mente cuando tú también te paseas en ella.)

y bueno, la verdad es que sí, que contigo soy cursi, que lo soy cuando se trata de ti, pero no me avergüenza ni un poco. quererte como te quiero no me avergüenza, al igual que dedicarte tantas cosas, escribirte tantas cosas, porque no es como si hacerlo estuviera mal.

enamorarse es algo normal, así que, ¿por qué debería avergonzarme de ello? ¿por qué debería tener miedo de ello?

y ya que estoy siendo cursi, te contaré algo más: te he dedicado muchas cosas, y ese siempre fue mi sueño, encontrar a alguien que valiera la pena, alguien tan asombroso y maravilloso que mereciera que le dedicaran lo más hermoso que existe.

eso he hecho (o he intentado hacer) contigo: dedicarte lo que me parece más hermoso, lo que encuentro increíble, lo que se asemeja a lo que me haces sentir con el simple hecho de ser tú mismo.

y quizá parezca demasiado, pero para eso te quiero: para compartir contigo, para mostrarte cosas hermosas, para compartir contigo lo que me hace feliz.

para eso te quiero: *para compartir contigo la felicidad.*

pd: lo he pensado mejor y me parece que nosotros no somos cursis; nuestro amor es jarifo. está adornado con muchas cosas, como azúcar, risas, abrazos, te amos, mensajes de buenos días, sonrisas en mitad de los besos, poemas, frases lindas, canciones y…

bueno, sí: lo admito, *soy cursi.*

pero no importa que lo sea, ¿sabes? porque yo soy cursi, sí, pero tú eres una flor, querida petunia, y eso es lo único que realmente interesa.

Hemiola

de Concierto de luciérnagas

Bar-qui-si-me-to Bar-qui-si-me-to
  ¿Me quieres?
  Ca-fé-con-pan Ca-fé-con-pan
  No
  Se apagó el sol Y se acabó el oxígeno
  Está bien Lo siento
  Ya nada tiene luz propia
  Solo los días que terminan en o y s
  El sol volvió a salir Y el arcoíris se ve más nítido
  Me gusta tener tus dedos entre los míos
  Chó-co-la-te-Chó-co-la-te
  Tú también me gustas.

Flor de loto

Mi vida era un dédalo, y de los grandes. No sabía quién o qué era, no entendía nada, sentía que estaba navegando perdido en el mar, que *yo* era un barco gigantesco y pesado que sencillamente no tenía un rumbo, una brújula que lo guiara, una dirección que seguir. Mi adolescencia fue más o menos eso: un dédalo gigantesco, y en mis días malos me siento así en la actualidad, pero ya es mucho menos frecuente que antes (y suele ser causado por la depresión).

Como te lo conté en otra nota, lo que estaba buscando durante años era a mí mismo. Cuando lo pienso hoy en día, me hace mucha gracia, porque en realidad nunca estuve tan lejos de encontrarme, considerando que ni siquiera renuncié nunca a lo que me gustaba o a mi manera de pensar, a pesar de las presiones sociales, de las demás personas, de la soledad que sentía en el pecho y que rara vez me dejaba en paz.

Sin embargo, a pesar de que no estaba tan lejos, tampoco me sentía exactamente cerca de ese sitio al que quería llegar, porque como no sabía dónde o qué era, no sabía cómo o qué hacer para moverme hasta allí.

Y un día, de la nada, me vi envuelto en el mundo de la comunidad LGBT.

(Traducción: y un día, de la nada, *encontré el paraíso*.)

Durante años me reprimí muchísimas cosas porque esa no había sido la forma en la que me criaron. Tenía miedo de hablar, porque lo importante era dejar que otros hablaran, que otros se sintieran escuchados, y tan así me formé que olvidaba que yo también tenía algo que decir, que yo también necesitaba que me escucharan, que yo también tenía sentimientos.

La comunidad LGBT fue ese sitio en el que vi a personas valientes ser ellas mismas, y tanta valentía me infundieron que también decidí atreverme a ser yo mismo. No te diré que todo es color de rosas ahí dentro, porque sería mentir y yo más que nadie lo sé bien, pero era genial porque ahí sentía que *estaba en el lugar correcto*.

Después de meses de ver a gente siendo ella misma, comencé a poner eso en práctica yo también, y aunque al principio me daba mucho miedo el siquiera pensarlo, me fui acostumbrando a ello. Fui volviéndome más y más valiente, hasta que llegó el día en el que finalmente me admití a mí mismo que me gustaban las chicas.

(No pienses que me gustan *solo* las chicas, por favor; soy pan, no me importan los géneros y lo sabes, pero el punto es que en toda esta narrativa el simple hecho de aceptar que pudieran gustarme las chicas fue algo importante y significativo.)

Fue difícil como no tienes idea. Me sobrevino una tristeza tremenda, una de la que no podía huir, y que se originaba en el miedo de (1) lo que mis padres y familiares dirían al respecto, (2) lo que mis amigos pensarían y dirían al respecto, (3) lo que me habían enseñado durante toda mi vida, porque mis padres eran cristianos de esos que, si se encontraban con algo que la Biblia no decía que estaba bien, lo tachaban de maligno, demoníaco y de Satanás al instante.

De forma que, sí, tenía miedo de ser yo mismo porque iba en contra de los principios que me inculcaron toda mi vida. Por eso fue muy difícil, porque me decía a mí mismo, si el que me guste una chica está mal, ¿por qué Dios lo permite? ¿Por qué Dios me hizo así, si se supone que no está bien?

Pasé meses con depresión por eso, odiándome a mí mismo, sintiendo vergüenza de ser yo, de no ser nadie más, hasta que un día me dije: ¿por qué me siento mal porque me guste alguien? ¿Por qué me siento mal por amar a alguien más? En ese momento entendí que el amor solo era amor, en el verdadero sentido de la frase, y que avergonzarse de él era estúpido y absurdo.

Si solo estás amando a alguien, ¿por qué estaría mal? ¿Qué importan los géneros de dos personas, si se quieren y anhelan estar con la otra? La vida ya es lo suficientemente difícil como para complicárnosla más con temores innecesarios y problemas irreales.

Después de eso, mi vida mejoró un *poquito*. Ya no me odiaba tanto, pero ese odio seguía allí, muy en el fondo. Ya no tenía tanto miedo de ser yo mismo, pero tampoco lo era con total libertad, que era lo que siempre había querido, aunque en su momento no lo entendiera.

Y un día, de la nada, encontré una imagen que decía: "transgénero: persona que no se identifica con el género que le asignaron al nacer".

No sabía que los géneros no binarios existían, no sabía qué era, no sabía en qué me estaba metiendo, pero dije en voz alta al instante: *soy transgénero*.

Y podría decirse que desde ahí mi vida cambió bastante.

Al principio ni siquiera le di importancia. Actué como si nada hubiera pasado, pero mi mente volvía a esa imagen, a ese pensamiento, una y otra vez, como si fuera alguna clase de salvación que finalmente me liberaría de la tristeza (cosa que en realidad fue, pero en este momento ese no es el punto). Y un buen día en el que me armé de valor, busqué sobre los géneros que existían, porque había oído un poco sobre el género fluido y lo que es agénero.

Encontré el maravilloso mundo de los géneros no binarios, una cosa que obviamente se salía de todos los moldes que habían en mi cabeza desde que tengo memoria.

Lo admito: fue difícil, porque fue prácticamente como aprender todo de cero.

Pero *a veces es exactamente eso lo que uno necesita: un nuevo comienzo*.

Cuando comencé a leer las definiciones, era complicado; no entendía mucho, pero no me detuve. Mi sed de conocimiento al respecto crecía y crecía, e internamente sentía que cada vez estaba más cerca de la felicidad, porque sentía que de alguna forma me iba acercando a las respuestas de las preguntas que siempre me atormentaron.

Y lo entendí: género fluido, *gender queer*, agénero, *neutrois*, pangénero, bigénero, trigénero, andrógeno, semichico, semichica, y pare de contar.

Lo importante llegado este momento es que entendí qué era (qué soy), y desde ahí puede decirse que fue ocurrió un *ramé* en mi interior: algo caótico, pero hermoso al mismo tiempo.

Por un lado, estaba muy confundido, porque ni siquiera había pensado que ser transgénero era una posibilidad. Siempre lo había visto *como eres esto, sin más, y si te gusta o no tienes que conformarte, porque no te estamos preguntando si lo quieres*... Así que era muy nuevo para mí, y tenía miedo de meterme mucho en ello y ya no poder salir (como si siquiera uno pudiera *dejar* de ser transgénero, como si uno siquiera *lo eligiera* o algo por el estilo... Pero así era como pensaba. En fin, la ignorancia hablando).

Pero por otro lado, estaba feliz, porque comprendía lo que era, veía que era más común de lo que creía, que no estaba solo, que no era la primera persona a la que le pasaba, y comprendía por qué años antes nunca me sentí como las demás chicas de mi edad: porque *yo no era una chica*.

Fue un camino duro, lleno de inseguridades, temores y muchos enfrentamientos a mis propias creencias o, mejor dicho, a las creencias que mis padres me habían infundado, que en su mayoría eran desaprobatorias y de rechazo hacia la comunidad LGBT precisamente por falta de conocimiento en ella.

Y sí, lo admito: *fue jodido*. Nadie que no sea *queer* sabe lo difícil que es serlo, lo difícil que es atreverse a ser tú mismo en este mundo que literalmente nos fuerza a ser otra cosa, que nos dice *sé tú mismo*, y dos segundos después *no, pero no así...*

Me ocurrió algo similar con cuando admití que me gustaban las chicas: entré en una depresión enorme, pero esta vez fue mucho más grande, porque entendí que ser transgénero es más difícil que el que te guste alguien de tu mismo género (y lo digo con propiedad, porque he vivido ambos en carne propia); hay más barreras, más estigmatización, más tabúes, más estereotipos y, sobre todo, menos información.

En realidad toda la idea me causa gracia hoy en día; mi mamá siempre tuvo miedo de que fuera lesbiana, pero creo que hasta preferiría que lo fuera con tal que fuera una chica, con tal que no fuera transgénero.

Pero el caso es que, sin importar qué se pensara al respecto, sin importar cómo lo vieran los demás, cómo lo viera la sociedad, yo era transgénero (yo *soy* transgénero), y eso no iba a cambiar y nadie mejor que yo lo sabía.

Pasé meses con depresión, intentando descubrir si había habido alguna causa o algo por el estilo (como si fuera una enfermedad o algo parecido, porque así de mal está visto socialmente ser transgénero), y al mismo tiempo sin contárselo a muchas personas, solo en caso de que me arrepintiera, que viera que era una equivocación, o que simplemente había sido *cosa del momento*.

Sin embargo, pasaban y pasaban los meses y todo seguía igual: yo era transgénero, indistintamente de a quién se lo contara o no, indistintamente de cómo me viera la sociedad, indistintamente de lo que las demás personas pudieran estigmatizar.

Llegó un momento en el que entendí que mi realidad no iba a cambiar simplemente por ocultarla, que cómo me sentía no iba a esfumarse de la nada al intentar ignorarlo, y le di cara al asunto.

Le conté a mis amigos que hay una diferencia entre lo que es la biología y la mente humana, y les expliqué que el sexo y el género son cosas que no siempre coinciden. Les dije que quería que se refirieran a mí usando otros pronombres, que ya no me sentía cómodo con que me dijeran *ella*, que sentía que hablaban de otra persona…

Y creo que nadie que no sea transgénero entenderá el miedo que da decir esto. Nadie entiende el miedo que da armarte de valor y decirle a otra persona que eres algo que socialmente es incorrecto, que está prohibido, que quizá esa persona ni siquiera conoce. No entiendes el miedo que da el exponerte a perder a tus amigos, tu familia, tus seres más queridos, lo único que sientes que *tienes* en la vida, a menos que lo vivas en carne propia.

No obstante, para mi propia sorpresa, *todo salió bien*. Mis amigos me aceptaron, lo comprendieron, intentaron adaptarse a los pronombres con rapidez, y aunque a veces les costaba y se equivocaban, en general todo salió muy bien.

A un solo amigo de los que le conté le costó comprenderlo al principio, y me dijo que debía ir al psicólogo, para ver si encontraban un *motivo* para mi *transness* y, de esa forma, ver cómo se *curaba*, como si siquiera ser transgénero fuera una enfermedad.

(Como era de esperarse, dejé de ser amigo de esta persona por unos meses, pero después me pidió disculpas y podría decirse que las cosas están mejores entre ambos. No le tengo la misma confianza de antes, pero ya se refiere a mí por los pronombres adecuados, ya comprende que no soy una chica y que no hay nada de malo con eso, y por los momentos eso me basta.)

Pero, *apartando ese amigo*, todo salió bien…

Y se sintió como empezar de cero.

Era prácticamente vivir una vida diferente, porque esta vez sí era *yo* quien la estaba viviendo. Me sentía como una persona que acababa de nacer; todo era nuevo, todo era fascinante, todo era emocionante, simplemente porque lo estaba viviendo siendo yo mismo.

Fue jodidamente maravilloso, y lo sigue siendo. A pesar de lo difícil que es ser yo mismo en este mundo que me quiere forzar a ser alguien más, no lo cambiaría por nada del mundo; ser yo mismo es más feliz, más auténtico, se siente *real*, y por eso vale la pena.

Soy mucho más feliz ahora.

Y espero ya nunca dejar de serlo.

Conversación con la almohada

—Últimamente no he escrito mucha poesía…
—Has escrito una *forma diferente* de poesía.
—Solo he escrito sobre él y….
—No has escrito *sobre* él; lo has escrito *a* él y…
—Exacto.
—Eso mismo te digo yo a ti: *exacto*.
—Oh… —balbuceé, y segundos después de entender, sonreí—. Tienes razón.

La mejor poesía del mundo.

Hablemos de amor

No es por ser cursi, pero tú has sido exactamente eso que he estado esperando toda mi vida, con el detalle de que (antes) no lo sabía. Literalmente eres lo que siempre quise en una pareja, y no tienes idea de lo feliz que estoy de que me hayas encontrado, de haberte conocido, de que tú también me quieras, de que estemos juntos. Me has ayudado muchísimo, me has hecho feliz (incluso antes de involucrarnos románticamente con el otro), y en esta nota quiero hablar de qué se ha sentido para mí lo que ha sido eso, el encontrarte, el que estés conmigo…

Primero hay que partir de lo más básico y obvio: soy escritor de romance, drama y poeta. Debido a eso, se podría decir que mis expectativas sobre el amor, las citas y las parejas en general son bastante elevadas —tanto hasta el punto de ser inalcanzables en la práctica… pero la verdad está muy alejada de allí.

Me explico: sí tengo expectativas altas, porque para estar con una persona que me lastime o que no me demuestre que me quiere, no estoy con ella y ya —pero mi punto no es ese; mi punto es que mi concepto sobre lo que es el amor, las citas y las parejas es distinto de lo que creo que se esperaría.

No quiero un amor de novelas, poemas *apasionados intensos melodramáticos* o canciones de cuatro minutos. No quiero tragicomedias, que me bajen la luna del cielo o que escalen una montaña por mí;

quiero algo sencillo, honesto y real, y que me sea suficiente. Quiero miradas cálidas, sonrisas sinceras, que me tomen la mano, que abran el paraguas para ambos, que cuiden si me puse los lentes para ver la pizarra, un buenos días, un te amo antes de dormir, que me abracen aunque no siempre corresponda los abrazos, que miremos películas juntos, que oigamos música y contemos chistes hasta que las costillas nos duelan de tanto reír...

Tal como lo dije notas atrás, eso para mí es la felicidad: las cosas pequeñas.

Y eso es lo que quiero con alguien, esa es mi definición de amor: *las cosas pequeñas*.

No quiero que me compren una casa o un auto; soy independiente, y si quiero algo, reúno y me lo compro yo mismo. No quiero que me escriban poemarios como prueba de amor, que me escriban un libro, que me compongan una canción, que me pinten un retrato... Lo que quiero es algo sencillo, porque en esa sencillez hay honestidad, y si algo es honesto, sencillo y me hace feliz, ¿qué más podría querer en la vida?

Y, pues, así se ha sentido el amor para mí: como escuchar una canción suave de esas que te encantan tanto que la agregas a cada lista de reproducción que tienes.

No ha sido un sol que de la nada te encandila; ha sido el murmullo de las olas que te envuelve y hace que sientas que lo que vives es mágico, de otro mundo y completamente especial.

Espero que no me estés malinterpretando: no estoy diciendo que estar contigo se ha sentido como menos o algo por el estilo, sino que, por el contrario, ha sido calmado, a fuego lento, despacio y... *y yo no podría estar más feliz por ello.*

No sé si es por la edad (sueno como un anciano, ¿verdad? y apenas tengo 19), pero no busco una pasión juvenil, un primer amor de esos dramáticos de terminan y vuelven cada dos días, o uno como el de Vronski y Anna Karénina. No quiero como... no lo sé, ir a beber y bailar en todas las discotecas de la ciudad, sino regresar a casa después de un día agotador y descansar junto a la persona que amo.

(Y es asombroso, porque creo que tú también quieres eso, así que no podría pedir nada más.)

Cuando dije que eras lo que siempre había querido, lo decía en serio: quería alguien comprensivo, que buscara la forma de entenderme siempre, que me escuchara, que leyera lo que escribo, de mente abierta, que fuera tan cursi como yo, que me hiciera reír, que entendiera mis filosofías de vida, que viera la existencia de forma parecida a la mía.

De hecho, meses antes de que me diera cuenta de que me gustabas, lo pensé: *sería genial que El Chico Alto De La Gorra Y Los Audífonos y yo estuviéramos juntos, porque es lo que siempre busqué en alguien.*

(Y meses después pasó lo que ya sabemos: te dije que me gustabas, tú me dijiste que era mutuo, y discutimos por una hora cómo sería una relación entre ambos, en caso de darse, que sí se dio, y ahora estamos aquí.)

Pero, ¿sabes cómo me di cuenta de que eras la persona indicada? Ese jueves nos vimos para hablar, y cuando terminamos nos acercamos a unas plantas. Había unas flores preciosas, de unos colores bellísimos, y te lo hice saber.

—¿Te gusta mucho esa flor? —me preguntaste y asentí.

—Me encanta. Es hermosa.

—¿Quieres que arranque una para ti?

Y fruncí el ceño.

—No, no… —respondí—. Si la arrancas, la vas a matar, y no quiero que la mates, así que…

Y me abrazaste.

Ahora que lo pienso, fue hasta cómico, porque ambos pensábamos lo mismo, veíamos ese detalle de la vida de la misma manera, pero no lo sabíamos, y…

—Gracias por verlo así —dijiste—. Ahora no tendré que arrancar la flor, cosa que no quería, porque sabía que la iba a matar.

Y cuando lo supe, entendí que estaba con la persona indicada.

(…)

En fin, volviendo al tema principal de esta nota, aquí está una frase que refleja lo que es para mí el amor.

"Más que besarla, más que acostarnos juntos; más que ninguna otra cosa, ella me daba la mano, y eso era amor." Mario Benedetti.

Así se ha sentido para mí el amor.
(*Así se ha sentido estar contigo.*)

La vida es irónica

Ayer tenía depresión, no sentía nada, quería llorar, sin ningún motivo más que el hecho de que tengo depresión, y justo ahora me siento en la cima del mundo. Siento que me amo muchísimo, que estoy orgulloso de las cosas que he hecho, de lo lejos que he llegado, de que no me he rendido a pesar de todo, a pesar de la vida, a pesar de lo difícil que ha sido, y recuerdo cuando una amiga me dijo que la vida era una ruleta.

A veces estás abajo, a veces estás arriba, y simplemente tienes que intentar aprovechar lo máximo que puedas de cada uno de esos estados, porque ninguno será para siempre. Y creo que eso es lo más hermoso de ello, ¿sabes? que nada es para siempre, y que por eso debemos sacarle provecho.

Antes me parecía que la vida era injusta, porque venimos al mundo para encariñarnos con gente que perderemos, para dejar lugares que nos gustan, para tenerlo todo y luego tener que abandonarlo o, peor aún, para que nos lo arrebaten, sin más. Eso me resultaba la cosa más cruel e injusta de la existencia.

Pero después mi forma de verlo cambió: la belleza de algunas cosas radica en que no son infinitas. Es como la comida: no va a ser eterna, se va a acabar, no durará para siempre, pero precisamente de eso se trata, de que, como no es eterna, debes aprovecharla mientras esté allí.

Así que ahora, mientras estoy feliz, lo estoy disfrutando al máximo, porque quizá mañana me sienta como una mierda y no haya nada que pueda hacer al respecto.

No hay nada que podamos hacer para garantizar cómo será nuestro futuro más que el paso que hoy estamos dando en esa dirección. ¿Alguna vez has pensado en ello? El futuro literalmente podría traernos lo que quisiera, lo que fuera, nosotros no tenemos un control verdadero sobre él, sobre lo que pasará, sobre lo que *nos* pasará, y a pesar de ello nos amargamos la vida pensando demasiado en él. ¿No es irónico? Nos amargamos por cosas que no podemos cambiar, en lugar de concentrar esas energías en cosas que *sí* podamos cambiar...

Nos amargamos la vida odiándonos por no poder ser más que nosotros, en lugar de amarnos por lo que ya somos y aprender a sacarle provecho a ello.

Te contaré algo que he aprendido últimamente: la vida se trata de cambios. En la vida, lo único seguro es el cambio, así que debemos dejar de temerle tanto, porque es lo único constante que habrá, lo único que sabemos por seguro que sucederá.

Ayer fue una mierda, y justo ahora me siento en las nubes. Hoy me siento en la cima del mundo, y mañana podría sentirme como la peor desgracia que ha estado sobre la faz de la Tierra.

Y, ¿sabes qué? Eso está bien. Es genial. Es maravilloso, porque la vida es así: una ruleta.

Lo que hay que hacer es disfrutarlo, vivir con intensidad cada momento, esté en la parte que esté en la ruleta, en la montaña rusa, y recordarnos que al final todo va a estar bien, porque de alguna forma u otra siempre termina estándolo.

Al fin y al cabo, vamos a estar bien, porque somos más fuertes de lo que pensamos.

Enlace triple

de Mariposa alas de algodón

No esfumaste la noche
   pero no importó porque
   te quedaste conmigo
   para ver
   las estrellas

   No me levantaste del piso
   pero te quedaste ahí conmigo
   y juntos les dimos formas
   a las nubes

   No me resolviste los problemas
   pero me abrazaste tan fuerte
   que ellos por primera vez
   simplemente
   dejaron de existir

   No te burlaste de mí por no poder
   soportar el fuego y
   me hiciste quedarme en cama

comiendo galletas
y me llevaste el té tan cálido
que casi parecía
tu corazón

No me criticaste por mis tachones
los aceptaste con tanta alegría
que comencé a pensar
que no eran tan prohibidos
como siempre creí que eran

No te burlaste por mi amor a las mariposas
y en cambio
me ayudaste a verlas más de cerca
a quererlas más
y a pensar que yo también
era una de ellas

No mataste los monstruos
que vivían bajo mi cama
Me enseñaste a pelear contra ellos

No me resolviste la vida
Me enseñaste que yo podía tener el control de ella
por mí mismo

No me enseñaste a colorear
Te convertiste en
los colores

Y yo solo no sé
cómo expresarte cuánto te quiero
y por eso siempre comparto mis gomitas

y te tomo la mano
y te miro tan atentamente cuando ríes
y bailo bajo la lluvia contigo
y te invito a esperar los arcoíris juntos
y te envío fotos de mi gato favorito
y te llamo cuando no puedo dormir
y te abrazo cuando duermo
y sonrío cuando me haces feliz
son el simple hecho
de existir

porque por eso lo hago ¿ves?

para que entiendas que
no necesitas usar tu corona de flores
para que entienda
que eres
mi príncipe

para que me dé cuenta
de que me gusta
que lo seas

y quizá y solo quizá
para que vea que quiero
que lo seas
para siempre.

La luna

—Estoy enamorado de la luna.
   —Eso es muy lindo.
   —No, no… No me entiendes.
   —¿Qué es lo que no entiendo?
   —Es que, en mi mundo, la luna eres tú.

Dos cosas que aprendí

Hay dos cosas especiales que aprendí que me han servido muchísimo en la vida, y esas dos cosas tienen que ver con mis libros. Te contaré al respecto justo ahora; puedes tomar asiento e ir por un café, para que estés cómodo. No te preocupes; yo espero a que regreses que, al fin y al cabo, la única persona que quiero que me escuche eres tú.

Muy bien, ahora sí comenzamos.

Lo primero que aprendí fue a mis 16 años, cuando publiqué mi primera novela. Llevaba como dos semanas chequeando mi correo a diario para ver si me había llegado el aviso de que la novela se había publicado, por lo que esperaba más ese mensaje de lo que esperaba día tras día la hora de la comida.

Y un día, finalmente, llegó: *¡Felicidades! Su libro ha sido publicado con éxito. Puede verlo en línea utilizando este link.*

Era un jueves, si mal no recuerdo, y tenía la primera hora libre, por lo que iba a la segunda al colegio y por ello podía dormir como una media hora más. Apenas abrí el correo, salté por toda la casa; estaba demasiado emocionado. Me puse a bailar, creo que también lloré, no lo sé, pero el punto es que la emoción no me cabía en el cuerpo, porque eso que finalmente había pasado era un sueño cumplido, y siempre se había visto tan inalcanzable para mí que no podía creer que estaba pasando.

Sin embargo, cliqueé el link varias veces y vi que era cierto: mi novela de verdad estaba publicada. La busqué en el buscador de la página, para comprobar que no fuera un link especial o algo por el estilo, y comprobé que la novela igual aparecía: REALMENTE estaba publicada a nivel internacional, y ahora cualquiera que pusiera los datos en el buscador iba a poder encontrarla y, si quería, comprarla.

ERA DEMASIADO PARA MÍ. No conocía a nadie en mi ciudad que fuera escritor y hubiera publicado sus libros por mercados digitales, alguien que estuviera en el mismo medio que yo, así que se sentía mucho más especial.

Sin embargo, el tiempo iba pasando y, por consiguiente, mi hora de entrar a clases se iba acercando. Me bañé, vestí, arreglé, todo como día tras día, solo que ese día era especial y único porque en él mi primera novela había sido publicada. Fui al colegio con una emoción que no me cabía en el cuerpo, más feliz de lo que siquiera podía expresar, y... ¿sabes qué pasó?

No pasó nada.

No pasó ABSOLUTAMENTE nada.

Y yo no podía creerlo.

Para mí era un día importante y memorable, quizá el día más esperado de mi vida, uno de los más emocionantes y que recordaría por siempre. ¿Cómo era que todo seguía tan normal, tan como siempre, cuando para mí había sido algo tan apoteósico?

Ahí fue cuando lo aprendí: te pase algo muy bueno o muy malo, la vida sigue. Aunque para ti se haya detenido todo, sea por una razón buena o mala, la vida va a seguir. Lo entiendas o no. Lo aceptes o no. Te guste o no.

La segunda cosa que aprendí fue cuando se publicó mi primer poemario en inglés y sentí orgullo en todo mi esplendor de ser quien soy. Toda la vida me sentí mal por ser raro, porque notaba que era diferente de los demás, porque no encajaba. Siempre me sentí mal por ser demasiado sensible, por ver la vida de forma tan extraña, por no poder ser como las demás personas.

Y en ese momento, mientras veía mi primer poemario publicado en inglés, agradecí ser quien era (quien *soy*). Agradecí ser tan raro, ver la vida de forma tan extraña, ser tan sensible, tan diferente, tan yo, porque esas rarezas eran las que me permitían haber llegado al sitio en el que estaba en ese momento…

Mis rarezas me habían llevado hasta donde estaba. El hecho de ser tan extraño y tan yo mismo era lo que me había permitido triunfar, porque no había nadie más que pudiera ser yo, y eso era lo que a la gente le gustaba de mí: que era honesto, que era yo mismo a pesar de todo, que no me avergonzaba de ello, y que no fingía, mentía o intentaba ser nadie más.

A veces, cuando lloro en medio de un día malo, me consuelo pensando lo siguiente: *quizá tu día justo ahora va mal, pero has tenido una buena vida, has llegado a sitios asombrosos, eres alguien asombroso, y muchas personas darían lo que fuera por estar en tu lugar.*

Y otras veces, cuando lloro porque soy demasiado sensible como para resistirme, pienso en ese día. *Has llegado lejos por ser así de sensible*, me repito mentalmente. *Te quejas de tus rarezas y tu sensibilidad, pero miles de personas morirían por tenerlas o por ser tú.*

Así que… sí, eso es lo que tengo para decirte hoy, querida petunia, igual que a cualquier persona que esté leyendo esto: no te sientas mal por tus rarezas, peculiaridades, forma de ser tú mismo y de ver la vida.

No te sientas mal por las cosas que siempre has odiado de ti: te llevarán lejos —tanto, que agradecerás no haber cambiado ni una pizca y también por no ser nadie más.

Música líquida

De Mariposa alas de algodón

Cuando no estás aquí me siento
   como un pirata perdido que
   no tiene brújula y
   como no sabe leer las estrellas
   no puede
   volver
   a casa.

Entre la espada y la pared

Me siento entre la espada y la pared. Estamos en pleno 2017, en pleno siglo XXI, y me parece que deberíamos pensar hacia adelante, pensar en progreso, en avanzar. Cosas como romantizar la pobreza y ser conformistas me resultan hasta enfermizas y lastimeras. También enojosas. Bien, más que todo esto último, pero ese no es el punto…

Mi punto es que estoy entre la espada y la pared porque pienso que la gente no debería ser conformista, que está mal que lo sea, pero que al mismo debe alegrarse por lo que tiene, porque podría ser peor. Sé que suenan como ideas que no encajan, pero juro que en mi cabeza sí lo hacen y de alguna manera incluso de complementan.

No pienso que esté bien que toda la vida nos acostumbremos simplemente a lo que tenemos. La idea es progresar, aspirar más alto. Sin embargo, también pienso que la clave para la felicidad es, como lo dijo Lievin, disfrutar de lo que se tiene y no pensar demasiado en lo que no se tiene, no anhelarlo demasiado.

Vivo en un país en el que cada vez tenemos menos. Menos comida, menos sueños, menos vitalidad, menos progreso. Y yo cada vez quiero más (no la parte de más comida, sino la otra. Aunque admito que la comida no me caería mal, por supuesto). Quiero más salud, más vida, más felicidad, más sueños. Quiero poder vivir en un país en el que no me sienta en una cárcel, en un país en el que no tenga que preocuparme por si siquiera voy a cenar, a pesar de que trabajé todo un mes y no derrocho el dinero en tonterías.

Mi 2012 fue una mierda porque me concentré en lo que no había en lugar de aquello que sí tenía. No lo aprovechaba, no lo disfrutaba. Solo me quejaba de lo malo. Este año sigo quejándome de lo malo (tampoco es que uno lo va a aceptar con los brazos abiertos, como si fuera un regalo), pero sí disfruto de las cosas buenas, sí las aprovecho y agradezco tenerlas. Es como un balance un poco extraño, pero que me ha resultado...

Espero que a otras personas también les resulte, en caso de seguirlo.
(...)
El título de esta nota me pone a pensar. Me parece que los seres humanos estamos llenos de contradicciones. Y no es hipocresía; simplemente somos así. Somos seres complejos. Mucho más complejos que una lista de cosas que hacer y tachar, mucho más complejos de lo que parecemos.

Creo que lo importante sobre las contradicciones es saber que nosotros mismos tenemos algunas. Y eso está bien. Es parte de ser un humano.
(...)
Y (para concluir) no, no pienso que esté bien ser conformistas, pero opino que debemos disfrutar de lo que tenemos porque un día podríamos no tenerlo y ahí veremos que lo extrañamos. No pienso que esté bien romantizar la pobreza, pero sí opino que el dinero y los bienes materiales no son la clave de la felicidad, que la vida se trata más que de cuentas bancarias y ropa en tu armario.

Segundos movimientos

Las sinfonías se dividen en movimientos. Antes del período romántico, lo usual era que los segundos movimientos fueran los lentos de toda la obra. Como contraparte, el primero era rápido, el cuarto, todavía más rápido, y el tercero solía ser divertido, gracioso, y en ocasiones era tan movido que requería de bastante atención.

Como bien sabes, muchas de esas sinfonías singuen tocándose en la actualidad, como las de Mozart, Hyden y pare de contar, y el punto es que, a veces, cuando las tocamos en la orquesta en la que estoy, no le prestamos demasiada atención a los segundos movimientos, debido a que, como sabemos que son lentos, asumimos que son los más fáciles.

(Quiero que se entienda que sé que esto es un error, que no debería hacerse, porque subestimar una pieza es uno de los primeros pasos para interpretarla mal en el momento del concierto, pero eso de qué movimientos tocamos en los ensayos ya no es algo que yo controlo; se escapa de mis manos y por mucho.)

En fin, debido a todo esto que estoy planteando, ocurre lo siguiente: le dedicamos tanto tiempo a todos los movimientos, *a excepción del segundo*, que cuando llega el ensayo general chocamos contra un tren, porque precisamente ese movimiento tenía pasajes difíciles que subestimamos por estúpidos, y al final terminan saliendo mal por nuestra propia culpa.

El director de mi orquesta dice que los segundos movimientos de las sinfonías son los más difíciles (lo dice por eso, porque nunca les prestamos demasiada atención y en el ensayo general estamos sufriendo). No estoy del todo de acuerdo con él, porque pienso es que *hay distintas formas de dificultad*, y que el que ese movimiento sea difícil no hace más fáciles los demás; pero lo que sí opino es que los segundos movimientos son los más hermosos de las sinfonías.

O quizá... no lo sé, quizá no son los más hermosos, tal vez solo son *una clase diferente de hermosos*, pero el que lo sean no hace esa hermosura menos válida o menos real, aunque mi punto en sí no es ese; mi punto es que son hermosísimos y, personalmente, mis favoritos.

Y me avergüenza un poco decirlo, pero creo que así fuiste tú. Eras un segundo movimiento de una sinfonía, y como me concentré tanto en los otros, no me di cuenta de todo lo maravilloso que eras (que *eres*)... hasta que un día te detallé un poco más, te presté un poco más de atención, y entendí que eras de las obras de arte más impresionantes de la existencia.

Y desde entonces, pues, te me quedaste grabado en el pecho.

Y desde entonces, pues, *no has salido de mi mente*.

En realidad lo pienso hoy en día y como que me odio un poquito. No puedo creer que me haya atrevido a subestimarte, no en sí por ti, sino porque la gente suele subestimarme y me duele un infierno, y sabiendo cuánto duele, no sé por qué lo hice contigo.

Te pido mis más honestas disculpas: no merecías eso, no sé ni por qué lo hice, pero me alegra haberme dado cuenta de ello, de la verdad y, más que nada, de haberme detenido.

Te pido disculpas por mi inmadurez, porque no merecías eso, y porque ni siquiera sabía que lo estaba haciendo sino hasta que el director de mi orquesta habló de los segundos movimientos de las sinfonías...

Te doy gracias, querido segundo movimiento, por sonar siempre para mí como la maravillosa obra de arte que eres, a pesar de que en su momento te subestimé. Gracias por haber sido tú todo el tiempo, por haber sido paciente conmigo hasta que finalmente me di cuenta de tu belleza, por no haber dejado de ser tan único y asombroso cuando se trataba de mí a pesar de mi estupidez.

Gracias por todo, segundo movimiento, pero, sobre todo, *gracias por existir*.

Saudade

Ayer tuve una pesadilla. En ella, te quitaban de mi lado, y cuando desperté tenía tanto miedo que incluso me eché a llorar.

Ahora puedo decir como Peeta Mellark: *mis pesadillas suelen ser sobre perderte.*

Y… querido Inmortal: espero que esa pesadilla nunca se vuelva realidad.

Es mejor que nada

Quizá no hago mucho, pero es algo. Quizá no salvo al mundo, pero al menos hago que algunas personas reaccionen, que se den cuenta de las cosas. No tengo todas las respuestas, pero al menos formulo preguntas que hacen que la gente piense.

No soy un Supermán y tampoco espero que tú lo seas. No espero que nadie lo sea, pero tampoco pienso que esté bien que nadie haga nada de nada. Ningún problema se soluciona quedándose sentando de brazos cruzados. Lo que yo hago no es mucho, pero, repito, *al menos es algo*. Soy escritor y escribo sobre los problemas que hay.

¿Que eso que hago no es mucho? Es verdad. No lo es.

Pero es mejor que nada, es mejor que quedarse sentado esperando una bolsa con comida, es mejor que limitarse a ver todo y llorar, es mejor que simplemente *no hacer nada*.

Tal vez no logre apagar el fuego del bosque, pero al menos grito para que alguien venga y lo apague. ¿Por qué no busco yo mismo el agua, por qué no apago el incendio yo mismo? Por la misma razón por la que tú no lo haces: porque no puedes. Ya el fuego es demasiado, el incendio es demasiado, y sabes que no podrás apagarlo solo.

Por eso voy y pido ayuda. Por eso grito, aunque no haya nadie cerca: porque en algún momento alguien me tiene que escuchar. Porque tal vez gritar no sea mucho, pero es lo único que puedo hacer.

Porque tal vez gritar no sea mucho, pero es mejor que nada.

No quiero atarte con letras

no quiero ser preso de mis palabras, pero soy escritor y poeta…
¿no soy el colmo de la ironía?
me da miedo escribirte tan intensa y marcadamente que sientas que ya no puedes irte si así lo llegas a desear alguna vez, pero escribirte con menos que todo el corazón me parece una falta de respeto a la magia tan poderosa que me causas en el pecho.
(escribirte con menos que mi alma entera me parece una falta de respeto a la persona tan maravillosa y asombrosa que eres.)
no quiero atarte con letras, pero quiero congelarte con ellas para que, cuando te extrañe, pueda abrir las páginas y revivir lo que me hiciste sentir ese día, en ese momento, en ese para siempre.
(no quiero atarte con letras, pero quiero eternizarte con ellas para que siempre estés conmigo, aunque realmente no estés allí…)

no quiero ser preso de mis palabras, pero cuando te digo que te amo, me siento más libre que nunca. no quiero ser preso de mis palabras, pero el no escribirte se siente como la cárcel que quiero evitar. no quiero ser preso de mis palabras, pero no escribirte me parece un desperdicio de musa perfecta que no quiero cometer…
(no quiero ser preso de mis palabras, pero más preso me siento cuando rehúso a escribirte por miedo a que pases a ser solo letras en un lienzo.)

(y… es que has sido tan bueno y delicado conmigo que no he podido hacer más que quererte. fue casi como si me obligaras a enamorarme de ti, pero no por presiones, sino precisamente por todo lo contrario: porque eres tan suave conmigo que no amarte me ha resultado imposible.

y no, no quiero atarte con letras, pero tú eres el ancla que me ata a esta locura gigantesca que solemos llamar vida.

no quiero atarte con letras, pero tú me has atado a ti con algo más fuerte que la tinta y el papel.)

pd: gracias por existir.
pd2: lo digo en serio: *gracias*. me cambiaste la vida, y no te cambiaría por nada ni nadie.
pd3: no sé qué haría sin ti, y tampoco quiero descubrirlo.
pd4: no quiero vivir una vida si tú no formarás parte de ella.

(Tengo) Miedo de hablar

Te confieso, querida petunia, que estoy triste. En estos últimos meses me han mandado a redactar unos ensayos para las universidades (sí, cuando esto todavía estudio dos carreras al mismo tiempo), y en ellos he reflejado de forma parcial algunos de los problemas que enfrenta el país, como lo son la manipulación, alienación, las distintas maneras de controlarnos socialmente a todos, incluyendo la educación, y como soy yo, pues, no podía faltar algo clave: la falta de cultura del país.

Quiero resaltar que lo que me entristece no es el hecho de que me han mandado a hacer dichos ensayos —más bien es *todo lo contrario*. Lo que en sí me entristece es que esos ensayos me han gustado tanto que he querido publicarlos en mi blog, pero no me he animado a hacerlo por miedo a que me metan preso.

Tengo miedo de hablar, porque no sé si el hacerlo me traiga como consecuencia una cárcel. Tengo miedo de hablar, porque no sé si al hacerlo estoy exponiéndome a que me declaren un enemigo de la patria, al igual que a mi familia. Tengo miedo de hablar, porque no sé si al hacerlo expongo a mi familia a que la ataquen por cosas que ellos ni siquiera han hecho.

Tengo miedo de hablar, porque vivo en Venezuela.

(Porque vivo en una dictadura que ocurre en Venezuela —*así está mucho mejor*.)

Me gustaría vivir en un país en el que no tenga miedo de decir *está pasando A, B y C*. Me gustaría vivir en un país en el que pueda hacer lo que amo y me dé dinero para al menos comer. Me gustaría vivir en un país en el que no asesinen mis sueños antes de que siquiera nazcan. Me gustaría vivir en un país en el que no tenga que conformarme con *sobrevivir*, porque *vivir de verdad* es posible.

Me gustaría vivir en un país en el que la palabra democracia sea un hecho, y no solo una cáscara vacía.

Sé que estos temas no te gustan mucho, que no son muy lindos, pero no puedo pensar en otra cosa que ellos. Vivo con ese miedo día tras día, y sé que no soy la única persona que lo hace. Vivo con miedo de que me mate la inseguridad, enfermedades pequeñas o el hambre, y ahora, añadido a eso, vivo con el miedo de que me metan preso por decir la verdad.

Día 64

aún me cuesta creer que de verdad estamos juntos. estar contigo es tan *asdfhjklñ* que me parece un sueño —y tengo tanto miedo de que se acabe, que termine, de despertar…

pd: si eres un sueño, por favor, no dejes que despierte. no dejes que me alejen de ti, que me separen de lo que busqué por años y creí que no existía, de mi canción favorita de todas las sinfonías, de mi petunia, de mi hogar.

Belleza

Tengo la capacidad de vez belleza en las cosas más complejas.

Bien sabes que toco en una orquesta, y a lo largo de mi corta vida me he encontrado con piezas difíciles. Una vez tocamos el concierto para orquesta de Bártok, y mi mamá fue al concierto (una de las pocas veces que fue). Cuando terminó el evento, me dijo *qué sinfonía tan fea*, y lo que yo hice fue mirarla con el ceño fruncido, y le dije para mis adentros (porque en su cara obviamente no se lo iba a decir; me abofetearía épicamente) fue *tu ignorancia es incalculable*.

Estábamos hablando de Bartók, de Mahler, de Prokofiev, de Shostakóvich. ¿Cómo te atreves a decir que es feo? Son obras complejas, obras profundas y complicadas, pero eso no las hace feas. Más bien: el que tú no las comprendas no te da derecho a decir que son feas, porque sencillamente es absurdo.

En la vida no nos encontraremos únicamente con Mozart, así que, ¿por qué esperar que todos los compositores sean Mozart? Mozart es hermoso, pero eso no significa que todo lo que no sea él es feo.

Y, ¿sabes a qué se debe esto? A que hay muchas clases de belleza, muchísimas más de las que conocemos.

Además, el concepto de belleza me parece muy complejo. Lo que para mí es hermoso, para ti puede ser feo, y eso es completamente válido, porque el arte es subjetivo.

(*Todo es relativo*, ¿recuerdas?)

Y si para ti la belleza es maquillaje, unos zapatos altos y un vestido, te lo digo: *qué concepto tan pobre de belleza tienes.*

La belleza es mucho más compleja que eso, ¿sabes? La belleza es mucho, mucho más…

Hace poco un chico se me acercó y me dijo: *Estás como feíta. Deberías arreglarte más.* Fruncí el ceño y le dije: *¿Feíta? Me veo como un chico. ¿Con eso estás diciendo que los chicos son feos? Porque tú eres uno y, en caso que no te hayas dado cuenta, te acabas de insultar a ti mismo con eso que dijiste.*

Por lo que (repito), el arte es subjetivo. Si soy una chica, tengo que vestirme así y asá para parecer linda. Si soy un chico, tengo que verme de esta forma y hacer esto para ser guapo y atractivo…

Y mi pregunta es: ¿por qué debo creer que soy algo que la sociedad dice, si ni siquiera comparto la mayoría de sus creencias? ¿Por qué debo creer que soy lo que la sociedad establece, en lugar de creer lo que sé más que bien de mí mismo?

No entiendo a la gente.
Y quizá tampoco quiero entenderla.

Ramé (parte 3)

De Fall for the both of us to stay in forever

escríbeme en la piel y,
   por favor, que sea con tinta
   permanente.
   quédate conmigo,
   quédate a mi lado,
   quédate en mi existencia y,
   por favor,
   ámame tanto como,
   sin darme cuenta,
   te estoy amando a ti:
   como un imbécil enamorado y
   con ganas de comernos al mundo,
   de afrontar todos los problemas venideros,
   de luchar por un nosotros,
   porque vale la pena,
   porque tú vales la pena,

   y también de comernos el uno al otro,
   porque eso no nos falta,
   o, al menos, no cuando me pones a ver estrellas

sin siquiera levantar los pies del suelo,
no cuando me haces sentir tan vivo
y me despiertas partes del cuerpo
que ni siquiera sabía que estaban
ahí…

Soy lo que soy, lo siento

Tengo un amigo que trabaja en la alcaldía. Como bien sabes, el país se está viniendo abajo, pero ese amigo me dijo que, a pesar de todo lo que ocurre, el gobierno siempre tiene que apartar un presupuesto para el arte. Esto es obligatorio, no es opcional; es *necesario* que se invierta dinero en arte, en cultura, y esto me hizo pensar que tal vez así es la humanidad entera.

Me explico: tengo otra amiga que dice que podemos prescindir del arte, que es algo extra, como un añadido, pero me parece que en realidad necesitamos arte y cultura tanto como necesitamos comer. Mi amiga se refería a necesidades básicas, y eso lo sé, pero precisamente a eso es a lo que me refiero: pienso que el arte es una necesidad básica, y en esta nota te contaré por qué.

Mi caso personal es el siguiente. Mi día a día es bastante estresado, y en ocasiones a ese estrés diario se agregan de otros tipos, como lo es la situación del país, la inflación, la estupidez humana y pare de contar; y recuerdo que hubo unos meses en particular que todo era TANTO que de verdad me quería matar. Y te confieso: no lo pensé como *ay, qué lindo sería irme de aquí*. Lo pensaba en serio, de buscar un plan, la forma de ponerlo en práctica y hacerlo, porque el estrés era tan grande que la solución más efectiva era, a mi parecer, el suicidio.

Sin embargo, como es obvio, no lo hice (de haberme suicidado, no estaría justo aquí, justo ahora, escribiendo esto), y la razón es el arte. Literalmente esto era lo que me sujetaba a la vida, porque iba esperando que salieran canciones nuevas de artistas que me gustaban, o me decía a mí mismo *no puedo morirme sin haber oído el álbum de este artista una vez más.*

Y así fui, aferrándome al arte como si él fuera lo único que me hacía querer seguir con vida, porque *exactamente eso era.*

En la actualidad, ya no quiero suicidarme, pero te confieso que sigo viendo al arte como mi bote salvavidas.

(Confesión: si pensara demasiado en las cosas podría volverme loco, considerando que son tantas, por lo que intento tomármelo todo con un poco más de calma —es decir, *oigo música.* Cuando todo se vuelve DEMASIADO, *oigo música.* Cuando necesito palabras para expresar cómo me siento, cuando necesito que me escuchen, cuando necesito sentir que no estoy solo en el mundo, *oigo música.*

Cuando siento que no puedo más y quiero mandarlo todo a la mierda, cuando siento que todo está perdido y que nada tiene sentido, cuando olvido todo y el pecho me arde por todos los sentimientos contenidos que no he expresado, oigo música, y *te juro que todo mejora.*)

De forma que... sí, para mí el arte ha sido así de importante. Para mí, el arte ha sido un superhéroe, y no me imagino la cantidad de personas en el mundo a las que les debe pasar como a mí.

Por esto opino que el arte no es un añadido o un extra —necesitamos el arte, lo *necesitamos* en todo el sentido de la palabra, y sin exagerar ni un poco al usarla.

Necesitamos el arte y la cultura tanto como necesitamos comer, y precisamente por ello es que me enoja que lo subestimen tanto.

En el colegio en el que estudié, hablar de artes era como hablar de una cosa rara de la que todos sabían un poco pero con la que nadie se atrevía a experimentar, porque (1) no era tomada en serio, (2) era tan extraña que, al alguien hablar de ella, se cambiaba de tema, se obviaba o se fingía que *ese incidente* nunca había ocurrido.

(Con esto me refiero a ser artista, en trabajar con algo relacionado con el arte, no sobre TODO el arte en general.)

Y, ¿sabes qué pasó? Soy artista. A pesar de que en mi colegio siempre me decían que la ciencia era lo importante y que, además, prácticamente no nos enseñaban nada de arte, terminé siendo artista. A pesar de que mi familia me decía que dejara de escribir, que renunciara a mis sueños tontos de ser escritor, terminé siendo artista. A pesar de que tuve que buscar mis propias formas de aprender a hacer el arte que quería, y de que no fue *para nada* fácil, terminé siendo artista.

Y no, no me he arrepentido de ello ni un solo día…

Pero desearía que las cosas fueran distintas. Tal como el arte salvó mi vida (y la ha salvado *varias* veces), puede que salve las de otros (que ya lo haya hecho numerosas veces). Y si así de maravilloso, importante y necesario es, ¿por qué menospreciarlo tanto?

Cosas que me he preguntado y que me preguntaré todo lo que dure mi existencia…

2017

Este año ha sido increíble, y lo digo literalmente: se me hace difícil creer que *es* real.

Han sucedido demasiadas cosas, tanto buenas como malas. Por ejemplo, si soy COMPLETAMENTE honesto, confieso que este año ha sido el peor económicamente hablando. Hubo momentos en los que tenía que acostarme a dormir durante el día, sin yo siquiera quererlo, porque no tenía energías para hacer nada y necesitaba reponerlas aunque fuera de esa manera. Había veces que no podía estudiar, no por mi capacidad cerebral, por mi inteligencia, sino porque tenía tan poca energía que no podía comprender nada de lo que leía.

Lo explicaré de la siguiente manera: un auto no puede funcionar sin gasolina, y eso es la comida en nuestros cuerpos, energía. Es una fuente de ella y, si bien no es la única que existe, es la principal. Si comemos mal, no vamos a funcionar eficientemente, y eso era lo que estaba ocurriendo este año.

Como sea, saltando esa parte triste, hay más cosas que ocurrieron en el año. Por ejemplo, me acerqué muchísimo emocionalmente a un amigo, y ha sido tan asombroso que todo lo malo ha pasado a un segundo plano. Otra cosa buena que ha pasado, obviamente, ha sido estar contigo, poder conocerte y enamorarme de ti.

Ha sido de las mejores cosas de este año, ¿sí? Quizá de mi vida entera…

(...)

Otra cosa buena ha sido el conjunto de publicaciones (de libros) que he hecho en el año. He publicado, hasta los momentos, 10 obras, y he ganado dinero por ellas. Ordené dos de mis libros en físico, que era un sueño que había tenido desde que empecé a escribir, y no cambiaría ninguna de esas cosas por nada en el mundo.

Mi mamá dice que este año ha sido tan malo que le cuesta creer que ha sido real. Siente que ha sido como una práctica, como un ensayo y error, como un sueño, sin más. La verdad es que para mí también se ha sentido como un sueño, pero creo que en el buen sentido de la palabra.

Es decir, ha sido un año económicamente muy malo, como ya te dije, además de que me he topado con ciertos problemas, dificultades y rompimientos de corazón que no han hecho más que obligarme a crecer, pero he entendido que eso es parte de la vida y que, me guste o no, debo aprender a vivir con ello.

He aprendido a vivir con ello, con las decepciones, las lágrimas, el corazón roto, el estómago más vacío de lo que me gustaría, sin dinero en la cuenta bancaria y sin algunas personas que antes eran una parte importante de mí. No me preguntes cómo he hecho para sobrevivir a pesar de todo esto; me pregunto lo mismo muy a menudo, igual que mi madre, pero lo importante es que aquí estamos…

La vida se trata de eso, de cambios, por lo que no podemos esperar que todo siga como siempre.

La vida es fluida, y así es como debemos verla para no sorprendernos por los cambios que tiene: como una energía que va fluyendo constantemente, y nosotros debemos fluir con ella, para no quedarnos estancados.

Toda cosa viva va a cambiar, a crecer, porque de lo contrario se estanca. Creo que sobre eso no hay un punto medio: o avanzas o te atrasas.

Y, personalmente, siento que este año he avanzado mucho, tanto a nivel personal como profesional, porque he aprendido muchas cosas referentes a la escritura que han sido importantes, he conocido herramientas que me han ayudado más de lo que creí posible, además de las decisiones tan cruciales que he tomado respecto a ello, a mi escritura, y a mi mismo futuro.

PD: Simplemente quería tomarme un momento para inmortalizar esto: el año ha sido difícil, pero han habido cosas muy buenas entre todo lo malo, y, más importante que eso, he crecido. Me he vuelto una persona más fuerte, más decidida, menos miedosa, y estoy orgulloso de ello.

PD2: Ha sido un año difícil, pero creo que ha sido de los mejores de mi vida entera.

Gracias por formar parte de él.

Te quiero

contigo quiero para siempres, sin importar cuán cliché, tonto y enamorado suene. contigo quiero mucho, mucho tiempo; muchas, muchas canciones; mucho, mucho camino para andar…

contigo quiero todo, y también te quiero a ti —más de lo que siquiera puedo explicar, expresar, verbalizar.

y sí, claro que me da miedo entregarte la llave de mis sentimientos, pero eres tan increíble que, aunque me partas el corazón, sé que valdrá la pena.

eres tan increíble que, sin haberte entregado la llave, ya habías abierto la puerta, entrado y hecho tu casa en él.

pd: contigo quiero todo, desde lo más pequeño a lo más grande. contigo quiero todo, pero, por sobre todo, *te quiero*.

Talón de Aquiles

A pesar de que me considero una persona fuerte (o me quiero visualizar así a mí mismo, más bien), es innegable que tengo debilidades. Todas las personas las tenemos, no es algo de lo que avergonzarnos si lo miramos así, pero el caso es que pocas veces hablamos de ellas.

Pienso que esto es un fallo nuestro, porque así como es importante conocer cuáles son nuestras fortalezas, es igual de importante que conozcamos nuestras debilidades. Quizá no exactamente para fortalecerlas, porque nadie ha dicho que es un requisito indispensable vencer todos nuestros miedos para ser valiosos o algo así, pero considero oportuno el que las conozcamos para al menos estar al tanto de ellas y no confiarnos con que son fortalezas, si es que se entiende mi punto…

Una de mis debilidades (tal vez hasta la mayor que tengo), es mi perseverancia. Esto es una espada de doble filo, porque esta también es una de mis mayores fortalezas, debido a que gracias a ella es que estoy donde estoy hoy en día; pero el punto es que es una debilidad porque, en ocasiones, esa perseverancia es la que me impide renunciar a cosas que me están haciendo daño, o dejar ir a personas que me están lastimando.

Otra de mis debilidades es que soy demasiado duro conmigo mismo. Suelo exigirme muchísimo, porque sé que puedo dar mucho, porque creo en mi potencial, pero a veces me presiono tanto que termino estresándome o, peor aún, hiriéndome. Hay una leve diferencia entre exigirte lo suficiente como para no conformarte con ser mediocre, y exigirte tanto que te dé ansiedad, depresión, problemas para respirar y que en general sientas que nada de lo que haces es suficiente.

Antes no conocía que esa línea existía y, pues, la ignoraba… pero ahora que sé de su existencia, de su importancia, me estoy respetando más a mí mismo, a mi cuerpo, a mi salud mental, y no me estoy exigiendo tanto como para volverme loco.

Otra de mis debilidades es que me gustaría poder controlar las situaciones. Me explico: me gustaría poder hacer que las cosas siempre salgan bien, pero sé que no va a poder ser así todo el tiempo. Hay cosas que no controlamos, como el tráfico, que cancelen un plan a último momento, una lluvia, entre otras cosas, y estoy aprendiendo a aceptarlo.

(O, más bien, a entenderlo y dejar de intentar *controlar* esas cosas *incontrolables*, a centrar mis energías en cosas que sí puedo cambiar, a prevenir accidentes y, en general, a vivir con ello.)

Lo siguiente en mi lista de debilidades son cosas más ligeras y que, reconozco, me gustan. Por ejemplo, mi debilidad por la comida caliente, tu voz y el café humeante y con azúcar. O por el té recién hecho, tu voz y el chocolate en barra. Por la gracia del vuelo de una mariposa, tu voz y los colores tan intensos de las flores. Por las sinfonías de Tchaikovsky, Mozart, Beethoven, tu voz y la poesía.

Tengo debilidad por el arte, tu voz y tu pecho. Tengo debilidad por los conciertos solistas de contrabajo, tu voz y tus ojos. Tengo debilidad por las galletas con chispa de chocolate, tu voz y tu risa de niño pequeño. Tengo debilidad por las luciérnagas, tu voz y tu espalda. Tengo debilidad por tu cuello, tu voz y tus labios.

Tengo debilidad por… *por ti*. Eres algo así como mi Kryptonita, pero en el buen sentido de la palabra…

Me explicaré: eres mi debilidad, pero al mismo tiempo me haces sentir como si fuera invencible cada vez que tomas mi mano.

Es algo como… eres mi talón de Aquiles, pero me haces volar.

Eres mi debilidad, pero me haces fuerte.

Cosas que debes saber de mí

Escucho música todo el día. Enciendo la laptop para eso, para oír música, y canto la mayor parte del tiempo. En ocasiones, cuando estoy muy feliz o emocionado, bailo, pero te advierto que lo hago terriblemente, así que espero que no te sorprendas cuando me veas hacerlo.

Me gustan las mariquitas, las luciérnagas, las mariposas y las flores de colores intensos, aunque también me gustan las de colores pasteles, porque son como una caricia a la vista. Me gusta escuchar canciones felices cuando estoy triste, y canciones tristes cuando estoy feliz. Lastimosamente, escucho con más frecuencia las felices que las tristes…

Soy sonámbulo: hablo dormido. No sé si en ocasiones incluso lleguemos a tener conversaciones mientras duerma, pero, en caso de ser así, por favor, no lo lleves demasiado lejos; simplemente acaríciame el cabello, susúrrame que me quieres y tómame la mano. Aunque no esté consciente, te lo agradeceré, porque si tú no logras traerme la calma que necesite para descansar de verdad, no sé qué lo haga.

Soy muy olvidadizo, por lo que tengo que anotar todo para recordarlo. Desde citas con el odontólogo, exámenes, hasta cosas tan mínimas como enviar correos. Sin embargo, si hay algo que no olvido son fechas importantes, como aniversarios y cumpleaños, y aunque en realidad no le encuentro demasiado sentido, es así.

Me gusta que me abracen algunas personas, aunque por lo general no me gusta el contacto físico. No sé por qué, pero a veces no correspondo los abrazos que (muy pocas veces) me dan, pero eso no quiere decir que no los esté disfrutando, o que quiera que terminen. De hecho, contigo quiero estar abrazado todo el rato, así que espero que te vayas preparando mentalmente para ello…

Me gusta mucho comer, aunque creo que eso ya lo sabes. Amo la comida como si no pudiera vivir sin ella, pero en un sentido metafórico y amoroso más allá de lo literal. De hecho, a veces estoy de mal humor, y parece que odio al mundo, pero en realidad simplemente tengo hambre.

A veces no entiendo el sarcasmo, y si me gusta una canción, la puedo reproducir por 4 horas seguidas un mismo día sin aburrirme o cansarme ni un poco. Soy muy malo para mentir, a pesar de que hice un curso de actuación hace años. Creo en los derechos humanos, creo que todos tenemos derecho a que nos respeten por el simple hecho de ser humanos, y que todos tenemos los mismos derechos, entre los cuales está el de poder ser nosotros mismos y el de ser felices.

No me gustan los chistes sobre el suicidio y el *self-harm*. Me parecen temas demasiado serios y dolorosos como para bromear sobre ellos y, más que eso, como para que alguna vez sean graciosos. Odio cuando la gente usa con ligereza la palabra depresión (*amanecí como deprimido hoy*, o algo por el estilo), cuando en realidad es una enfermedad mental que te deja vuelto mierda, un laberinto del que muchas veces no puedes hallar salida, una batalla que miles de personas libran día a día sin siquiera un arma con la que defenderse.

Un momento puedo estar oyendo la canción más reciente de pop o electrónica, y al siguiente segundo puedo estar oyendo Mozart, Beethoven o Tchaikovsky. Mi escala favorita es la de la mayor y mi segunda favorita es si bemol mayor. Me gustan las escalas menores melódicas (sol menor es de mis favoritas), y me encantan los arpegios.

Suelo usar calcetines distintos porque nunca consigo sus parejas. Tengo una marca en el labio inferior, y la he hecho yo mismo al morderlo tanto de forma inconsciente. Cuando me atacan los nervios, me río mucho, aunque la situación no sea graciosa en lo absoluto (como en un funeral, cosa que me pasó…).

A veces quiero escribir algo y no puedo, porque no encuentro la forma de expresarlo, y me estreso muchísimo. Me frustro. Da la impresión de que estoy molesto o de mal humor, pero en realidad solo estoy buscando las palabras adecuadas para decir lo que quiero. En ocasiones me levanto a las 2 de la madrugada para escribir algún poema, frase, trama o concepto que se me ha ocurrido, y aunque en su momento me da fastidio (no lo niego), después lo agradezco, porque esas ideas que me vienen en las madrugadas rara vez las recuerdo al despertar la mañana siguiente.

Soy una persona a la que no le gusta estar dependiendo de los demás. Si necesito ir a algún lugar, voy a él solo; si necesito algo, trabajo, reúno y me lo compro. Creo que esta mentalidad en gran parte se debe a que mi familia siempre fue de bajos recursos, por lo que, si quería algo, no podía pedírselo, porque sabía que no tendrían para comprármelo; si realmente lo quería, debía trabajar por ello yo mismo, y si era una *necesidad en sí*, buscaba la forma de que me lo prestaran, pero algo tenía que hacer.

Soy feminista y aborrezco con todo mi corazón el machismo, el sexismo y la *queerfobia* en general. Me verás peleando porque alguien hizo un chiste machista o sexista, y si debo dejar de hablarle a alguien por lo *queerfóbico* que es, lo hago, porque no toleraré mierda de la gente sin ninguna necesidad.

Es difícil hacerme enojar, porque soy una persona con muchísima paciencia, pero cuando lo logran, me enojo en serio, y cuando lo hago, parezco alguien completamente diferente (hasta tú mismo me has dicho que te intimido cuando estoy enojado, y eso que no has visto mucho). Por lo general intento ser optimista y alegre, pero confieso que, viviendo en Venezuela, esa es una aspiración bastante difícil, una meta considerablemente lejana de la realidad, porque es imposible que todo el país se esté cayendo abajo y uno siga con una sonrisa en la cara como si nada.

Siempre estoy escribiendo, ya sea en libretas, hojas sueltas, últimas páginas de mis cuadernos, los márgenes de mis apuntes, en el teléfono (más que todo en *Tumblr* y las notas), y lo más reciente que he hecho: en el reverso de una factura.

Me gusta hacer regalos en cajas de medicamentos, aunque el regalo no sea un medicamento. Me gusta ver al cielo en las noches, aunque haya muchas luces en la ciudad, por si acaso llego a distinguir alguna estrella. Me encanta el sonido de los pájaros, el de la lluvia (aunque este me da sueño, lo confieso), pero el de los grillos me estresa más de lo que debería.

Me gustan las gorras y tengo una favorita. Me gustan los zapatos deportivos, pero también me gustan las botas, las que no tienen tacones. Me gusta más hablar en inglés que en español, y cuando lo hago, nunca tartamudeo. Una vez leí por ahí que era por cosas psicológicas, y creo que es así, pero no sé exactamente qué signifique o cómo remediarlo tratándose de mí.

Me gustan más las armonías que las melodías, y los buenos bajos de las canciones me derriten. Lo que más me importa de una canción es su letra, y mis favoritas son las tristes, porque llegan más al alma. Cuando despierto en las mañanas, una de las primeras cosas que busco hacer es tomar agua, y la siguiente es buscar qué desayunar.

En ocasiones pienso en cosas, en preguntas interesantes, y muchas veces no encuentro respuestas a ellas, pero simplemente pensar en el tema se me hace suficiente. No encuentro respuestas a todas las preguntas, pero el simplemente pensarlas me hace feliz.

En ocasiones puedes verme y parece que estoy mirando a la nada, pero en realidad estoy perdido en mis pensamientos, absorto en las cosas más profundas que podrías imaginar, o en la trama para alguna historia. Otras veces simplemente estoy viendo cómo alguna historia ocurre en mi cabeza como si fuera una película (y me encanta cuando sucede eso, porque es maravilloso).

A veces me acostumbro tanto a hablar en metáforas y representaciones que olvido que algo que no sea eso existe. Olvido que existen las frases con significados literales, y que a veces una cortina azul no es más que una cortina de color azul.

No sé qué más escribir aquí. Me llamo Milo y soy un chico extraño, aunque eso creo que ya lo sabías.
Soy una persona extraña… Creo que eso lo he sabido desde siempre.

Arte puro

flores en tu pecho,
   alas en tu espalda.
el paraíso en tu boca,
en tus dedos, acuarelas.

¿cómo no querer mirarte,
cuando no eres más que
arte puro?
¿cómo no querer trazarte,
cuando no eres más que estrellas
tan suaves como el arcoíris?

por favor, ya no preguntes
ni pongas objeciones:
es imposible no enamorarse de ti.

por favor, ya no preguntes
ni tengas dudas otra vez:
eres el arte que más he amado y admirado,
que es mío así como yo soy suyo,
que necesito así como espero que él me necesite a mí,
en el mundo entero.

PART III

Las calmas

La magia existe

éramos tú, yo y todas las mariposas que me causabas en el estómago.

éramos tú, yo y todo el amor que se nos desbordaba por los ojos.

tu calidez me embriagaba, tus manos me envolvían. tu respiración y la mía parecían una sola, y estuve seguro de que desde ese momento quedamos más unidos al otro que antes.

todo era natural, todo era suave. te sentías tan bien contra mi pecho que comencé a preguntarme si, más que ser otra persona, no serías una extensión de mí mismo, una parte de mí que antes no había podido reconocer.

tu piel me quemaba y a la vez me calmaba. nunca conocí algo tan encantador y que pudiera quitarme el aire de la mejor manera posible.

tus ojos brillaban, y tus pestañas largas revoloteaban. tus labios se volvieron mi oxígeno, y nunca sentí que respirara más en la vida.

tu cuerpo era una almohada, y yo quería descansar. en realidad siempre descanso en ti, pero ese día era a otro nivel. era como que… finalmente había llegado al lugar que siempre había buscado. como que finalmente estaba *justo* en el lugar correcto.

todo era correcto. no me sentía ni una pizca culpable, porque tú me amas, yo te amo, y eso es todo lo que importa.

no me sentía ni una pizca culpable porque, si solo somos dos enamorados, ¿por qué estaría mal?

éramos solo tú y yo, y no hacía falta nada más. tú eras mío, yo era tuyo, y eso era lo único que sabía. lo único que necesitaba saber. lo único que pasaba por mi mente, además de cuán profundos eran tus ojos y cuán en casa era quedarse entre tus brazos…

era tan cómodo que podría haber hecho un nido allí. de hecho, estoy pensando seriamente en hacerlo, porque las cosas tan buenas uno no las puede dejar ir cuando se presentan, y mucho menos cuando esas cosas no *quieren* que uno las deje ir…

eres tan tierno, gentil y delicado (cuando se trata de mí), que me haces imposible el no enamorarme de ti. y, ¿recuerdas cuando te confesé que me gustabas? te dije *estoy comenzando a enamorarme de ti.*

y ahora estoy aquí, y te lo corroboro: *lo estoy profundamente.*

y me encanta estarlo.

y, ¿sabes algo más? creo en muy pocas cosas. no creo en las almas gemelas, en eso de *el amor de mi vida*, en los políticos, en las hadas, en el amor a primera vista, pero sí hay algo en lo que creo fervientemente: *la magia.*

como estudiante de ciencias que soy, podría decir que todas las cosas deben tener una explicación, una descripción, que hay una forma científica de verlo todo. pero mientras estuve contigo en ese momento… joder, eso tuvo que ser magia, porque ninguna otra cosa era.

creo que hay momentos mágicos en la vida diaria, que hay gente que es mágica, que hay gente que *es* magia, y me parece que tú eres de esta última clase.

pd: me sigue causando gracia el recordar tu cara cuando intentaste quitarme la camisa y te dije que usaba dos.

pd2: sé que teníamos ropa puesta, que no tuvimos sexo y que ni siquiera dejé que me quitaras la (segunda) camisa, pero ese fue uno de los momentos más íntimos y asombrosos de mi vida.

gracias por estar plantado en mi jardín, por amarme, por querer esas partes de mí que ni a mí mismo me gustan y, más que nada, *gracias por ser tú.*

Inmortal

de Fotografías de paisajes vacíos

no creía en los amores de autobús
　hasta que mis ojos un día se encontraron
　con dos pozos de café tan adictivos
　como el mismísimo chocolate casero,
　acompañados de una sonrisa tan sutil
　y al mismo tiempo tan acogedora
　que me hicieron pensar ¡demonios!

　pero qué lindo para siempre se me ha colado
　en esta eternidad que está a punto de terminar
　porque ese chico alto de la gorra y los audífonos
　que me ha parecido más interesante
　que todos los libros de aventura que planeo escribir
　se va a bajar en la siguiente parada,
　y como la pena me mata hasta lo que no ha nacido,
　nunca podré decirle lo que pienso de su forma
　de mirar las ventanas como si descubriera
　el secreto del universo en ellas, y todo porque,
　todos estos males que acaban de desatarse
　en mi vida se deben a

que no me atreví a siquiera decirle
hola,
¿cómo te llamas?

pd: como más que bien sabes, este fue el primer poema que te escribí. Hoy en día lo pienso y me causa auténtica gracia, porque te dije que esperaba nunca *tener* que escribirte un poema —y estoy aquí, escribiéndote un libro completo, ya habiéndote escrito, como un extra, más de treinta poemas y cuatro cartas.

no tenía ni idea de qué estaba iniciando con este poema, pero tengo la impresión de que, en realidad, ya había empezado mucho antes.

pd2: me alegra mucho haberte escrito este poema, porque fue cuando me hice consciente de cuán profundos son tus ojos y cuánto me gustan, al igual que tu sonrisa sutil y tu forma de descubrir el mundo a través de ventanas que se abren en la vida solo para ti.

Las primeras veces

~~~~

La primera vez que me tomaste la mano: sentía que iba a llorar, de tantas emociones mezcladas que tenía.

La primera vez que me besaste: estaba en shock. Creí que estaba soñando, me costaba creer que lo que vivía era real, y cuando caí en cuenta de que sí lo era, fue como "¡ME BESÓ, ME BESÓ, ME BESÓ!"

La primera vez que me tomaste la mano en público: sentía que podía volar.

La primera vez que escribí sobre ti: eras poesía mucho antes de ocurrírseme volverte letras.

La primera vez que cocinaste para mí: fue lo más tierno que pudiste hacer en la vida. Significó tanto para mí que no puedo expresarlo en palabras.

La primera vez que escribí un poema sobre ti: me di cuenta de cuán profundos eran tus ojos, de cuánto me gustaban, y quizá y solo quizá me volví un poco más adicto a ellos.

La primera vez que vimos Pokémon: en realidad fue la primera vez en toda mi vida que vi *Pokémon*, y confieso que sigo sin superarlo. Fui a tu casa, estábamos solos, *en tu cama…* y vimos *Pokémon*. Creí que era una broma, hasta que llegamos a la mitad del capítulo y estabas emocionado hablando de quién creías que ganaría la batalla, y me di cuenta de que en serio lo veríamos todo y, más que eso, que no era ninguna broma.

(Confieso que todavía sigo en shock por eso, pero no te preocupes;

ya lo he ido procesando.)

La primera vez que se me pasó por la cabeza la idea de que podías gustarme: creí que simplemente era todo el cariño que te tenía (que *te tengo*) confundido con todo lo asombroso que eras (que *eres*).

La primera vez que me dedicaste una canción: el pecho se me achicó y el corazón me latió más deprisa.

La primera vez que me dijiste que me amabas: me ablandaste el corazón un poquito, y te me metiste en el alma más de lo que podía imaginar.

La primera vez que peleamos: mientras estábamos a media discusión, me dijiste que yo era tu casa. En ese momento me derretiste el corazón y dejamos de discutir, pero espero que entiendas que no puedes decirme cosas lindas mientras peleamos, porque estamos peleando y se supone que eso no es lindo.

La primera vez que te dije que me gustabas: fue en un arranque de valor, pero no me arrepiento de habértelo confesado, a pesar de que tenía miedo de que me rompieras el corazón.

La primera vez que me llamaste por mi nombre: casi lloré de felicidad.

La primera vez que me hablaste: no podía imaginar lo perdidamente que me iba a enamorar de ti.

La primera vez que me admití que me gustabas: fue como una epifanía, una revelación divina y, al mismo tiempo, el entendimiento de una absoluta verdad: estaba jodido.

El primer día entero que me llamaste por mi nombre: supe que tenía que hacer un cambio, que quería que me llamaran así por el resto de mi vida, que eso era algo que quería que fuera mi realidad desde ahí en adelante.

(Con ello me ayudaste más de lo que siquiera puedes pensar, y te lo agradezco como no tienes idea.)

La primera vez que me quitaste la camisa: me morí de risa cuando vi tu cara al decirte que usaba otra debajo de esa.

La primera vez que te vi llorar: entendí que yo no era el único pétalo frágil de los dos.

La primera vez que peleamos en serio: tenía tanto miedo de que me lastimaras que no pensé que podría ser yo quien terminaría lastimándote a ti.

(Lo lamento por eso. Fue mi culpa, y me esforzaré para que no vuelva a ocurrir.)

La primera vez que vimos la lluvia juntos: estábamos bajo un techo, no nos estábamos mojando, pero tampoco hacía falta. En mi opinión, la compañía del otro bastaba para hacernos sentir más vivos que nunca.

La primera vez que me escribiste un poema: casi lloré de tantas emociones mezcladas que tenía.

La primera vez que me pediste que te prestara un libro: no pensé que sería Álgebra de Baldor, pero no te preocupes; son libros, es conocimiento, es cultura, y eso es lo importante.

La primera vez que vimos un partido de ajedrez: tú me parecías más fascinante que lo que pasaba en el tablero, que los jugadores, que el mundo entero.

La primera vez que oí los latidos de tu corazón: estábamos acostados abrazados, y te juro que el momento era mágico y maravilloso.

La primera vez que vimos una película juntos: discúlpame de todo corazón, pero no pude concentrarme en lo que sucedía en la pantalla; tú eras mucho más interesante, y me resultaba imposible concentrarme en algo que no fueras tú.

La primera vez que me contaste una historia de tu propia invención: sentí tanta emoción que el corazón me iba a explotar. Era un completo honor poder oírte, el que confiaras en mí lo suficiente como para contarme eso, el poder asombrarme ante el trabajo de tu asombrosa y única mente, el poder estar allí contigo.

La primera vez que vimos un atardecer juntos: el atardecer fue mágico por ti, no en sí por el sol el cielo o lo que estaba pasando en él.

La primera vez que te oí cantar: mi pecho se derritió de tanta ternura.

La primera vez que me dedicaste un atardecer: no sabía que eso se podía, pero me encantó. Fue el más hermoso que alguna vez presencié.

La primera vez que me desnudaste: no me habías puesto ni un dedo encima, no me habías quitado ni una prenda de ropa —solo estábamos hablando, pero juro que nunca quedé tan desnudo y vulnerable ante nadie.

La primera vez que dormimos juntos: me estabas besando toda la cara con ternura y no me dejabas dormir. Sin embargo, entre risas y muchas sonrisas terminé haciéndolo, y cuando desperté y lo primero que vi al otro lado de la almohada fue a ti, supe que así quería que fuera el resto de mi vida.

(*Y todas las primeras veces que faltan...*)

Dualidad

Acabo de ver una persona usando lentes sin cristales. Si lo piensas bien, te darás cuenta de que, debido a eso, no son *lentes*; es una montura, sin más, porque los lentes en sí son los cristales con las fórmulas necesarias…

Y esto hizo que recordara lo estúpida que es la sociedad.

Una cosa tan sinsentido como lo es usar lentes inútiles solo porque están a la moda es lo más mínimo, y eso es lo más triste de todo, que la lista sigue, sigue y sigue, y con cosas más estúpidas y vacías que las anteriores.

Por ejemplo, ayer le dije a una amiga que era linda, y ella me respondió que no, porque *estaba gorda*. Fruncí el ceño al instante, porque la gordura no afecta la belleza (la belleza va mucho más allá; no es algo tan plástico como *estar delgado*), pero ella no entendía eso, y sin importar cuántas veces le dijera lo linda que era, no terminaba de creerme.

Curiosamente, un amigo me comentó que le habían dicho en su universidad que, si empezaba a hacer ejercicio, sería un chico sexy, guapo (y otros adjetivos que la sociedad considera esenciales, como si siquiera lo fueran de verdad). La historia con él no fue tan triste; me dijo que no iba a hacer ejercicio por ellos, porque le parecía tonto hacerlo simplemente para agradarles. Me comentó que se sentía bien consigo mismo, que le gustaba cómo era, y que no iba a cambiar por nadie.

Como es obvio, me alegré muchísimo por ese amigo, porque él entendía, pero sé que no todas las personas piensan así, que no todos ven las cosas de esa manera. Y esto es lamentable, por supuesto, pero son hechos que se escapan de mis manos, hechos que no puedo cambiar, porque sencillamente no puedo meterme en las cabezas de las personas y hacerles entender que está bien que sean ellas mismas, que no tienen que cambiar para agradarle a nadie, que siendo ellas mismas basta.

Justo hace menos de una hora, una persona muy cercana a mí y a la que quiero muchísimo me comentó que estaba triste porque estaba haciendo ejercicio, tenía músculos, un buen cuerpo, y ni aun así conseguía personas que se interesaran en ella de forma romántica…

Esto me hizo pensar en cuánto daño nos hace la sociedad a todos de forma inconsciente al decirnos que tenemos que alcanzar unos ciertos estándares, o que, de lo contrario, no seremos valiosos, nadie nos querrá o no seremos felices nunca.

Honestamente, no sabía qué decirle a esta persona. Con tantos problemas reales, como que podríamos quedarnos sin internet en el país, que nos podría matar la inseguridad a diario, que no había qué comer, que la inflación nos estaba comiendo vivos, eso de preocuparse porque alguien no te prestara atención por tu físico me parecía la estupidez más grande del mundo.

No obstante, no le dije eso. En cambio, solo le dije… *nada*. Después de todo, sabía que no iba a servir que le dijera algo, porque ese era un problema que tenía que resolver ella consigo misma.

Aunque, ¿sabes? Eso hizo que recordara una frase de John Green: que te guste una persona por su apariencia es como escoger el cereal por su color y no por su sabor.

Es ridículo.

Sin embargo, como es más que obvio, no todas las personas piensan así. Y está bien, lo entiendo, lo acepto, pero me parece triste que no vean lo verdaderamente importante por estar concentrados en cosas tan insignificantes.

Dualidad

Y ahora te hablaré de otra cosa: detesto que las personas no entiendan que hay más sentimientos que solo felicidad, tristeza y enojo. El otro día tuve una discusión con alguien al respecto, porque no me parecía posible que él considerara la nostalgia, melancolía y dolor como *tristeza* cuando, de por sí, son *palabras diferentes*.

No podemos encasillar todo en un único molde porque *es lo más fácil*; el mundo es mucho más complicado que dos o tres moldes, y creo que debemos empezar a actuar en base a ello.

El mundo no es un sistema binario que tiene únicamente dos opciones como posibilidades; el mundo es algo complejo, es arte abstracto, y no podemos reducirlo a blanco y negro, triste y feliz, simplemente porque nos parece más sencillo.

Hacer esto me parece tan lógico como no querer que la montaña rusa tenga subidas o bajadas. Además, ¿perderte de una paleta de colores solo porque algunos son menos brillantes que otros?

Qué tontería tan grande.

(O, al menos, *así pienso yo...*)

Y sí, sé que son reacciones naturales que los seres humanos mostramos para no temerle tanto a lo desconocido, para tener un punto de referencia (lo encasillamos), pero exageramos tanto en ello que terminamos (1) dañándonos *entre* nosotros, (2) *a* nosotros mismos y (3) perdiéndonos de cosas realmente asombrosas.

Encasillamos todo de forma tan radical que hacemos que las cosas pierdan su belleza.

Y eso, como podrás imaginarlo, no me parece justo.

Como sea, me desvié de mi punto central; mi punto es que así como el mundo es más que solo sí o no, también puede ser más de una cosa a la vez, como la palabra ramé...

Que estoy gorda, me dice mi amiga. Pues no te voy a mentir: sí, lo estás, pero eso no te quita todo lo preciosa que eres.

Que soy un desastre, me dices.

Pues sí, lo eres, pero *eso no te hace menos maravilloso en lo absoluto.*

Cinco

Mi hermana tiene un blog. En él, hace reseñas de libros, y por lo general los puntúa. Da como una sinopsis, su opinión personal sobre el libro, y los puntúa del 1 al 5, les da estrellas, y de eso voy a hablar en esta nota.

Yo no podría hacer lo mismo, lo de puntuar los libros, lo de darles estrellas. En primer lugar, lo de las reseñas no me llama mucho la atención, comenzando por el hecho de que no me gusta leerlas, porque cualquier cosa mínima que me cuenten de una historia ya me parece un spoiler (aunque no lo sea); y en segundo lugar, porque lo de las estrellas me parece lo más difícil de todo.

En general intento no clasificar de malo algo, porque pienso que hay al menos un poco de bueno en todo, y que debemos aprender a buscarlo, pero debo reconocer, por otro lado, que cuando me aplico, *me aplico de verdad*. Si tuviera que puntuar libros, mi marca sería del 0 al 4, y este lo reservaría para libros que me hubieran gustado MUCHÍSIMO, que considerara obras maestras y nada más que arte puro.

A libros muy buenos les daría un 3, pero no porque sean malos, sino porque no son un 4, porque de por sí ser un 4 *ya es difícil*. A libros buenos, pero que no me hayan marcado de forma tan significativa, les daría un 2; a libros que me hayan parecido normales, comunes y corrientes, les daría un 1, y a libros malos, es decir, menos que eso, les daría un 0.

¿Y el 5?, te preguntarás.

Pues... he aquí la verdad: puntuaría del 0 al 4 porque sabría que ningún libro se merecería el 5, aunque eso no significa que dejaría de esperarlo.

Es como cuando sabes que tienes que guardar algo especial para cuando llegue algo ABSOLUTA Y COMPLETAMENTE especial, porque es TAN jodidamente especial que no puedes compartir ese algo con nada ni nadie antes. Es como que los libros excelentemente buenos son un 4, pero si algún día llega uno que es *incluso mejor* que todos esos, tienes el 5 guardado bajo la manga, sin usar, nuevo de paquete y listo para decirle a ese algo especial: *felicidades, eres lo que tanto he estado esperando durante toda mi vida.*

Por eso te digo hoy en día, querido Chico Alto De La Gorra Y Los Audífonos: *felicidades.*

Eres un 5.

O, al menos, *lo eres en mi mundo.*

Mapa de tu espalda

polvillo de estrellas,
 arcoíris con aroma a casa.
 petunias azules y
 un mapa de tu espalda.
 unir cada lunar con mis labios,
 suspirarte las pecas del pecho,
 recorrer todas las esquinas de
 tu piel con los dedos y
 decirte con más que solo palabras
 cuánto te necesito
 en mi vida…

 el tesoro eres tú,
 eso lo sé más que bien, pero…
 simplemente quiero hacer el mapa, ¿sí?
 necesito hacer el mapa,
 necesito trazarte los colores,
 necesito saber dónde está
 cada pétalo de tus constelaciones
 más brillantes que el sol y las galaxias y…

 y necesito
 pintarte las

manos.

necesito
que estés
cerca de mí.

necesito
tu sonrisa
en las mañanas.

solo...
te
 necesito.

Lots of

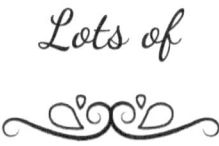

Hace años hice un curso de inglés. No sé por qué este recuerdo me llegó de la nada justo ahora, pero te voy a contar de qué se trata: en dicho curso veíamos clases con distintos profesores, según fuera su disponibilidad, y en una clase en específico me tocó cierto profesor. Ni siquiera recuerdo su nombre en este instante, pero lo que sí recuerdo es que ese día me enojé por su culpa.

Escribí *lots of* en una oración. Él miró con ceño fruncido mi cuaderno, y me dijo que eso estaba mal escrito. Le pregunté el motivo, alegando a que había visto muchas veces que habían usado esas dos palabras, tal como yo las había escrito, en poemas, libros, canciones y demás. Él me contestó que sonaba mejor *a lot of*, porque *lots of* sonaba *muy de barrio...*

Y ahí fue cuando la furia empezó en mí.

Crecí en un barrio. Me crié en un barrio. Por mi casa era más frecuente oír disparos que la música a todo volumen de los vecinos molestos. De hecho, hubo un primero de enero de un año (el del 2015), en el que apenas comenzando el día (quizá eran las 00:02) una bala atravesó el techo de mi casa, rebotó en la mesa y me pegó en la frente, porque los vecinos habían estado lanzando balas al aire...

Y, a pesar de eso, estoy aquí. A pesar de eso, *estaba allí*, en ese curso de inglés pago (carísimo, además, y que, por si fuera poco, había pagado yo con la beca que me daban por tocar en una orquesta). Para ese entonces ya había entrado en el conservatorio, tenía media beca en el liceo en el que estudiaba, con calificaciones altas (en el liceo siempre fueron altas), hablaba inglés de manera muy fluida, escribía, había hecho cosas asombrosas...

Todo eso a pesar de haberme criado y haber crecido en un barrio.

Me explicaré: lo que me molestó del comentario no fue que este profesor dijo que la frase *parecía de barrio*. Después de todo, un barrio es simplemente un lugar, y el que nazcas en él no va a determinar hasta dónde llegarás en la vida (creo que soy el vivo ejemplo de ello).

Lo que en sí me enojó fue que ese profesor sugirió que vivir en un barrio era malo, que era despectivo, humillante... o que las personas que no lo hacían de alguna manera eran superiores.

Soy un fiel creyente en la igualdad. Nunca juzgaré a las personas por su lugar de procedencia, de crianza, por el sitio en el que estudiaron, sus calificaciones, sus decisiones personales, su fe, nada de eso. No obstante, si veo que alguien se cree superior a otra persona por el motivo que sea, si veo que ese alguien no está de acuerdo con que otros tengan derechos humanos, que los humillen o desprecien por lo que sea...

Ese alguien perdió todo el respeto que podía tenerle. Y sí, sé que todos merecemos respeto simplemente por ser humanos, pero es difícil que me nazca querer respetar a alguien que piensa que es despectivo vivir en un barrio cuando esto no tiene que ver con el sitio al que llegaré en la vida, mi nivel de cultura, educación y sapiencia.

Aquí estoy: autor con ventas internacionales, cuyo mercado más vendido ha sido España, habiendo publicado libros tanto en inglés como en español. Aquí estoy: músico de orquesta de nivel A según el Sistema de Orquestas (reconocido a nivel internacional), estudiante del Conservatorio de Música Simón Bolívar, habiendo tocado como solista con un director invitado de África.

Aquí estoy: haciendo cosas asombrosas... y habiendo sido criado, habiendo crecido en un barrio. ¿Te parece que soy una persona vulgar, inculta, estúpida o inferior de alguna manera?

Porque a mí no. Para nada.

PD: El propósito de esta nota era expresar que me enoja esa gente que te juzga, por ejemplo, según el sitio del que provienes, cuando eso no determina el lugar al que llegarás en la vida. No entiendo por qué hay personas que critican y menosprecian a los demás, los subestiman por cosas tan tontas como esa, cuando hay otras muchísimo más importantes.

En realidad no deberíamos a juzgar a la gente por nada, porque no somos quiénes para juzgar, pero por razones tan tontas como esas me parece incluso degradante. Estamos en el 2017, en pleno siglo XXI. ¿Todavía juzgas a alguien por algo como su color de piel, género, sexualidad, sitio de procedencia? ¿De verdad? Qué atrasado estás en el tiempo, en la cultura, en la historia.

Notas fugaces en mi cuaderno (parte 3)

A veces hablo y parece que tengo mucho odio en mi corazón, pero en realidad no es odio.

Solo estoy... *triste*.

Y quiero que me abracen.

Claveles suaves con aroma a tus ojos

de Acuarela de pétalos frágiles

eres muy suave, demasiado suave,
 incluso para mí y mis claveles.
 me da miedo que te me metas en el alma
 y ya no pueda sacarte de ahí
 nunca más.

 si vas a quedarte, al menos finge
 que será para siempre.
 no importa si luego te vas;
 solo necesito algo a lo que
 aferrarme.
 no importa si luego te vas;
 solo necesito un superhéroe
 hoy.

 me da miedo tu silencio.
 ¿es que ya te arrepentiste?
 ¿o evalúas todo para que por si acaso,
 por si entiendes que el riesgo es muy
 grande,

que soy un barco muy
grande,
que la responsabilidad será muy
grande y...?

¿y que quieres mirar las estrellas conmigo,
me dices?

y sonrío.

gracias por quedarte a mi lado
hoy,

aunque (sé que) quizá mañana
ya no estés aquí
conmigo.

pd: este es otro de los famosos treinta. lo escribí, como es obvio, pensando en ti, pero para ese momento ni siquiera pensaba en la posibilidad de ambos estando juntos.
  es irónico, porque cuando lo escribí me pregunté si alguna vez, aunque fuera muy de tanto en tanto, pensarías en mí, y según lo que me contaste meses después, para este momento yo ya te gustaba...

Científicos de nosotros mismos

Nota obligatoria: Escribo esta nota desde la perspectiva de una persona que durante muchos años se odió a sí misma y se lastimó más de lo que quería, tanto psicológica como físicamente. Una de las razones de mi infelicidad era el hecho de que no me conocía, no sabía qué era (me lo negaba porque era más fácil que aceptar mi realidad), y si ni siquiera sabía qué o quién era, ¿cómo podía quererme?

Fue un camino largo y difícil, y si bien es cierto que ya superé esas cosas, a veces miro lo que la sociedad nos ha metido en la mente durante años y me enojo bárbaramente. Por eso, porque en ocasiones no puedo dejar de pensar en ello, lo comparto hoy contigo, por lo que simplemente te pido que, por favor, tengas la mente un poco abierta al leerlo.

(Ahora sí comenzamos.)

La sociedad nos enseña tanto que solo en compañía de otros es que podemos disfrutar algo que terminamos menospreciándonos a nosotros mismos. Menospreciamos nuestra propia compañía, olvidamos qué y quiénes somos, lo que nos gusta. No disfrutamos las cosas a menos que estemos con alguien más, pero, ¿dónde dejamos nuestra compañía? Si no la valoramos nosotros, ¿quién lo hará?

¿Por qué está mal querernos a nosotros mismos? ¿Por qué está mal que nos guste pasar tiempo a solas, que queramos conocernos psicológica y personalmente, que seamos científicos de nosotros mismos? A mí me parce mucho más triste una persona que no sabe qué o quién es, que no sabe lo que quiere en la vida, que una que está soltera o que no tiene muchos amigos.

Durante tantos años pensamos que la única manera de disfrutar de algo es con alguien a nuestro lado que no disfrutamos las cosas aunque estemos solos. Es como que el atardecer esté justo frente a ti, hermoso y maravilloso, pero tú no te sientas digno de disfrutarlo porque estás solo. ¿A quién le importa que lo estás? Más bien, ¿por qué hacer una gran cosa de ello? No es el fin del mundo. Puedes disfrutar de lo que sea estando solo, porque no necesitas de nadie para ser feliz, o para vivir un momento de felicidad y que te llene.

Digo esto porque últimamente veo mucho en los adolescentes que avergüenzan a otros por no tener muchos amigos o porque no tienen pareja. Es como, no lo sé, que hicieron algo asombroso, pero es triste porque no tienen una pareja. ¿A quién le importa la ridícula pareja, si lo que hicieron igual fue asombroso? ¿A quién le importa que no tienen muchos amigos, si lo que hicieron fue increíble? Son cosas que no se relacionan, pero que las personas unen porque son estúpidas y no piensan.

Me parece que en las últimas generaciones la gente se ha acostumbrado tanto a ver que tener una pareja es genial que se subestima a sí misma si no la tiene. Es como *si no tienes pareja, es porque nadie ve nada bueno en ti, cosa que, si ocurre, es porque es real: no hay nada bueno en ti. Si no tienes pareja, es porque nadie te quiere. Si no tienes pareja, no vales nada.*

Si no tienes pareja, no eres nadie.

¿En qué cabeza cabe que tu valor como persona depende de si tienes o no pareja? ¿En qué cabeza cabe que no seas valioso porque no tienes muchos amigos? ¿Por qué debe ser así? ¿Quién te dijo esa gigantesca mentira?

Actúan como si tener una pareja fuera la cosa más asombrosa y genial de la vida, como si no hubiera NADA MÁS en la vida entera que los fuera a hacer felices. Mi pregunta es: si piensas que lo único que te hará feliz alguna vez será tener una pareja, ¿qué clase de aspiraciones tienes para tu vida? Si piensas que no vales nada a menos que tengas una pareja, ¿qué clase de autoestima tan baja tienes? Si piensas que no puedes disfrutar o hacer nada sin una pareja, sin amigos, ¿qué clase de forma de pensar tan dependiente y preocupante tienes?

Además, aprovecho este momento para sacar a coalición otra cosa que me enoja bastante: ¿qué tiene de malo que nos quiera nuestra madre? ¿Qué tiene de malo que nuestra madre nos diga que somos hermosos, que nos diga que somos valiosos? ¿Qué tiene de malo que vayamos al cine con ella, que nos llame, que se preocupe por nosotros? Creo que es mucho peor que nuestra madre no nos quiera, que nos diga que somos horribles, que ni siquiera ella nos llame, que no se preocupe por nosotros.

Y discúlpame si esto que te digo te fastidia o te pone a rodar los ojos, pero es que son cosas que veo casi a diario y se me hacen enojosas.

Me enojan más que todo porque me cuesta creer que la gente de verdad *crea* estas cosas. Está bien que alguien venga y te mienta descaradamente, que te diga un montón de cosas falsas y que ni siquiera tienen sentido, porque eso no depende de ti, pero el que las creas… eso ya es cosa tuya y no depende de nadie más que tú.

Mi opinión es la siguiente, y perdón por lo cliché que es: si no te quieres a ti mismo, ¿quién te va a querer? Si no te conoces a ti mismo, ¿quién te va a conocer? Si no sabes lo que quieres para tu vida, a donde quieres llegar, tus aspiraciones, tus sueños, tus metas, ¿quién lo va a saber? Si no valoras tu propia compañía, tu tiempo, tu persona en sí, ¿quién lo va a hacer?

Y he aquí algo de lo que me di cuenta hace poco: si no te valoras tú mismo, nadie lo hará. En la vida real esto de *si no sabes cuánto vales, alguien vendrá y te lo demostrará* muy pocas veces ocurre. De hecho, lo que ocurre la mayoría de las veces es que las personas se aprovechan de que no sabes tu propio valor y hacen contigo lo que les plazca, porque es fácil manipular a alguien que no sabe nada.

Por esto, he llegado a una conclusión: debemos ser científicos de nosotros mismos. Dedicar al menos un día de todos los que tiene el mes para pasarlo con nosotros mismos, disfrutándolo al máximo al hacer cosas que nos gusten solo a nosotros. Oír canciones porque nos gustan, regalarnos cosas sin que necesariamente sea una fecha especial, disculpar nuestras faltas como si fueran las de un amigo al que queremos muchísimo…

Mi mamá solía decirme repetidas veces que la persona más difícil de perdonar era la que nos miraba de regreso en el espejo. No la comprendía del todo hasta que lo viví en carne propia, y certifico que es así: perdonarse a uno mismo es lo más difícil del mundo. Sobre todo cuando te has hecho daño y sientes que no mereces ese perdón, pero creo que precisamente en ese momento es cuando más debemos dárnoslo, porque lo necesitamos urgentemente y ninguna otra persona nos lo puede dar.

Como te dije, durante años me odié a mí mismo. Veía las cosas que me hacía y me provocaba odiarme más y más, hasta que un día leí por ahí que debemos tratarnos como a un amigo a quien queremos muchísimo. Si un amigo te lastima, y la cosa no es tan grave, lo perdonas, ¿no? Si llega tarde a un sitio, si se le olvida algo, si comete un error, lo perdonas, porque sabes que es humano y que no es perfecto, y cuando comencé a tratarme así, mi vida mejoró mucho.

Te comentaré otra cosa: eso de *no sé quién soy sin ti* no me agrada en lo absoluto. Es algo que en muchas ocasiones las personas les dicen a sus parejas, pero personalmente no me parece sano. Es como un *te amo más que a mí mismo*, y eso no está bien, porque a veces terminando queriendo tanto a otra persona que nos olvidamos de nosotros mismos.

Es como lo dijo Stephen Chbosky: "No puedes poner a todo el mundo por encima de ti y creer que eso cuenta como amor". Lo veo como un balance, porque obviamente debes amar a tu pareja (de lo contrario, ¿para qué estás con ella?), pero debe haber límites. Por ejemplo, hay una diferencia entre disculpar errores y dejar que abusen de ti. Hay una diferencia entre amar a alguien hasta el punto de perdonarle las cosas que no hace a propósito que pueden llegar a herirte, y otra es dejar que esa persona haga lo que le plazca contigo porque *la amas muchísimo*.

Pienso que a veces aceptamos abusos de los demás no por amor a ellos, sino por falta de amor a nosotros mismos.

Y, en consecuencia, me parece que debemos comenzar a querernos a nosotros mismos un poquito más. Incluso si hemos cometido errores, si nos hemos lastimado, si hemos hecho cosas de las que no estamos orgullosos —a pesar de *todo eso*, debemos querernos a nosotros mismos.

Si queremos a nuestros amigos a pesar de todo lo que hacen y lo que no hacen, ¿por qué no hacer lo mismo con el espejo?

Día 73

pienso únicamente en ti al ver flores hermosas. cuando presencio momentos felices, me provoca congelarlos y revivirlos a tu lado. me vienes a la mente como una canción de esas que recuerdas a cada rato y que, al mismo tiempo, ya estaba ahí, suave, dulce, acompañándote todo el día...
(...)
te quiero con la intensidad del rosado de las flores.
me gustas como un jardín de girasoles: amarillo y vívido, amplio y pleno, solemne y fascinante, como si nunca se fuera a acabar.
(...)
me enamoré de ti en *adagio*, como un leve rocío en la mañana, y luego con la fuerza de un chubasco, súbito, intenso, inevitable, que te cubre por completo y te hace sentir más vivo que nunca.
(...)
y doy fe de tu magia, de las galaxias que tienes en los labios, de las constelaciones que forman tus lunares, del brillo que desprenden tus ojos cuando ríes y parecen auténticas estrellas.
(...)
y doy fe de que *eres* magia, porque, lo juro, eres tan jodidamente asombroso que *ninguna otra cosa puedes ser*.

Como a una flor

No quiero a alguien perfecto. Quiero a alguien que esté dispuesto a intentarlo a pesar de las imperfecciones de ambos, que me quiera para más que solo una noche, que no piense en rendirse ante la primera dificultad.

No quiero a alguien perfecto. Quiero a alguien imperfecto que dé lo mejor de sí mismo, que me trate con delicadeza, que esté consciente de lo frágil que soy y que, en lugar de aprovecharse de eso, me cuide como a una flor.

Querido Inmortal: no quiero que tengas miedo de hablar; por el contrario, lo que quiero es que seas selectivo con tus palabras (cosa que ya has hecho, y te lo agradezco infinitamente), porque cuando tú me dices algo significa más solo porque lo has dicho tú, y porque soy tan frágil que lo más mínimo puede lastimarme, aunque por fuera me vea como si nada hubiera pasado.

Pienso que esto es como los accidentes: no puedes vivir toda tu vida atemorizado por ellos, pero puedes intentar prevenirlos, por precaución, por si acaso…

Y, pues, ya que estoy siendo honesto, me gustaría contarte otra cosa: nunca te he entendido. Antes, una persona acortejaba a otra para mostrar su interés por ella; le llevaba regalos, flores, serenatas, cosas por el estilo… Hoy en día, no es exactamente lo mismo, pero sí es parecido; una persona le da regalos a otra, la invita a salir, hacen cosas apoteósicas juntos, y… y ni siquiera te escribí el primer poema para cuando comencé a gustarte —comencé a gustarte mucho antes, sin siquiera haber hecho nada resaltante o que pudiera llamar tu atención.

Honestamente, no te comprendo. No hice nada para gustarte, para agradarte, para que te fijaras en mí. Usualmente me esfuerzo muchísimo para tener mis cosas —literalmente cada cosa que tengo, sea pequeña o grande, la he obtenido con esfuerzo y trabajo porque, debido a que en mi casa no había recursos monetarios, si no era yo quien se esforzaba para comprarme mis cosas, nadie más lo hacía, por lo que me vi obligado a pensar y ver todo de esa forma…

Y luego llegas tú, a quien no me esfuerzo en sorprender, agradar o gustar, con quien simplemente soy yo mismo, con quien lo único que hago es permitirme a mí mismo ser todo lo desastroso que de verdad soy y… *te enamoras de mí.*

¿Puedes explicarme, pues, la lógica de eso? Porque te juro que no la veo, y la he buscado con desespero desde el día que me dijiste que yo también te gustaba.

Tú… eres tan maravilloso, astuto, inteligente, comprensivo, asombroso y… yo no soy más que alguien que nunca encajó, un pupitre al final del salón, un contrabajo y, joder, me cuesta creer que lo que tenemos es real y no solo otro de los lindos libros de romance que tanto he leído a lo largo de los años.

No se trata de que no confíe en tus palabras (porque sí lo hago, y me has demostrado que son ciertas), sino de que eres tan jodidamente asombroso que me da miedo que seas solo un sueño.

Eres… eso que siempre quise. Lo que siempre esperé. Lo que siempre fantaseé con tener a mi lado. Y ni siquiera fui yo quien te encontró a ti; fue al revés.

(Ni siquiera fui yo quien te enamoró a ti; *fue al revés.*)

Y… me haces tan feliz que temo que no seas real.

PD: Por favor, sé real, y si esto no es más que un sueño, no dejes que nadie me despierte.

Cuando sea grande

Estaba pensando en la pregunta *¿qué quieres ser cuando seas grande?*, porque es una que se ha repetido a lo largo de toda mi vida y que me ha hecho pensar muchísimo en los últimos años. No diré que siempre que me lo preguntaban yo cambiaba la respuesta, pero sí admito que cambió con más frecuencia de la que me gustaría admitir.

Chef, doctor, nadador, bibliotecario, profesor, director de orquesta, cantante, astrofísico, futbolista. Nunca músico, porque sabía que ya lo era desde que mi mente funciona. Lo de escritor es otra cosa, porque, a pesar de que vine a aceptar dicho título como a los 15 años, más que ser escritor en sí, soñaba con ver algún día uno de mis libros publicados o llevados a la gran pantalla…

Más adelante, la respuesta a esa pregunta tan común cambió a cosas más personales o más profundas. Feliz, yo mismo, libre. También quise ser activista LGBT, un ícono *queer* (y, de hecho, *todavía lo hago*, y tengo la sensación de que lentamente he comenzado a serlo, aunque sea de forma muy pequeña).

Quería crear un espacio en el que la gente se sintiera cómoda siendo ella misma, que sintiera que no necesitaba ser más para estar bien, para que fuera suficiente. Yo nunca encajé en ningún lado, como ya te lo he explicado en numerosas ocasiones, así que crear este sitio en el que todos sintieran que podían encajar era muy importante para mí…

Y, para mi propia sorpresa, lo he ido creando. De forma muy

paulatina, de a poco, pero lo he ido creando, y es hermoso ver lo cómodas y felices que se sienten las personas que están en él.

No sé qué es todo lo que has querido ser tú, pero te contaré algo interesante al respecto, algo que tal vez nunca te habían dicho.

Como te lo he comentado varias veces, una de mis frases favoritas es "Vas al museo y ves el cuadro, pero no eres el cuadro", de Julio Cortázar. Creo que, en parte, esa frase me impactó tanto porque yo no quería solamente vivir la vida en lugar de mirarla; yo *de verdad* quería ser un cuadro, de verdad quería sentir que *era* arte, que era algo que la gente podría ir a admirar a un museo.

Cuando te miro a ti, eso es lo que pienso: podría ir a un museo y pasar horas observándote, porque así de *arte* eres, porque así de conmovedor y remueve sentimientos eres.

Cuando te miro, eso es lo que pienso: eres un cuadro, y de los más hermosos que he tenido la dicha de contemplar.

PD: Y, bueno, sobre eso de *yo* ser un cuadro o no… (1) creo que sí lo soy, pero (2) ya ni siquiera me importa.

Me parece que lo importante no es ser un cuadro o no, sino encontrar uno que quieras admirar por toda tu vida. Porque es como el Rey en El Principito: ¿de qué te sirve que miles de personas te admiren, si al final del día te sientes solo? No quiero gente que vaya a un museo a verme; quiero alguien con quien admirar lo hermoso de la vida, alguien con quien admirar la belleza de las cosas, alguien a quien yo también pueda admirar, porque es tan hermoso como la mismísima galaxia y…

Sí.

Así eres tú.

Soy, eres, somos

soy arte complejo, y tú una petunia.
  eres poesía pura, y yo un acorde menor.
  soy un cursi sin remedio, y tú para siempre.
  eres inmortal, eres magia, eres…
  una luciérnaga que titila para mí
  en medio de esta enorme oscuridad
  que solemos llamar vida.
  (…)
  y podemos comenzar a nombrar
  todo lo que no somos juntos,
  pero sería más fácil decir
  lo que definitivamente somos:
  tú y yo, ambos, conectados,
  una suela y la base de un zapato;
  tú y yo, los dos, unidos,
  estrellas de una (sola)
  constelación.

Peter Pan

Te contaré uno de mis mayores secretos: siento que todavía soy un adolescente. Tengo 19 años y aún pienso que soy adolescente, y quizá por eso es que me gustan tanto los libros de *Young Adult*. No me gusta pensar en mí como un adulto, aunque ya me han llamado así muchas veces. Pienso que todavía soy un niño y que nunca voy a terminar de crecer. Algo así como un Peter Pan, pero que sí trabaja y con responsabilidades. (A pesar de esas responsabilidades me veo como un adolescente, eh, así que no me critiques eso.)

Oh, Peter Pan. El gran clásico por el que nunca sentí un particular afecto. No me malinterpretes, eh. *Todavía no lo siento*. Pero eso de no querer crecer… creo que yo sí quería crecer, porque pensaba que con crecer vendría el conocimiento de muchas cosas. Conocimiento de quién y qué soy, por qué el mundo funciona de cierta forma, por qué hay gente mala, por qué no soy lo que no soy.

También me preguntaba si podría descubrir lo que quería hacer por el resto de mi vida cuando llegara la adultez. Me imaginaba que sería así. Me imaginaba que llegaría un momento en el que dejaría de gustarme la música y la escritura, que siempre vi como no más que hobbies, producto de lo que todo el mundo me decía, y decidiría que querría ser médico, ingeniero, qué sé yo, pero el punto es que sería algo que no estuviera relacionado con las artes, porque siempre vi las artes como algo que solo podían hacer los adolescentes porque ellos no tenían que ser serios y pagar cuentas (aunque yo sí lo hacía, pero ese no es el punto).

La verdad es que esas respuestas llegaron, pero no con la edad. Pienso que llegaron con lágrimas. Con *muchas lágrimas*. Pienso que la vida a uno le da coñazos, y es así que uno aprende, que uno se hace fuerte. Pasé la mayor parte de mi adolescencia llorando. Cuando miro escritos de mi adolescencia, lo que veo es que pasé mucho tiempo triste. Incomprendido. Llorando. Todavía me siento así hoy en día, pero he aprendido a lidiar con ello. Supongo que me acostumbré a la soledad.

¿También me habré acostumbrado a estar triste? Es una pregunta dolorosa, pero me la planteo muy en serio a veces.

Me pongo a intentar recordar un tiempo de mi adolescencia en el que no llorara muy a menudo y no encuentro nada. Creo que he vivido toda mi vida llorando, solo que a veces ha sido hacia fuera y otras hacia dentro. De hecho, pienso que en ocasiones busco escuchar canciones tristes o leer libros tristes solo para tener una excusa para llorar. ¿Eso es normal? No sé ni por qué me lo pregunto si ya sé la respuesta.

Peter Pan era un niño perdido. Me sentí así durante muchos años de mi vida. Quizá por eso estaba tan triste… pero tal vez fueron esas mismas lágrimas las que me hicieron encontrarme.

Me he topado con personas que me dicen que me admiran porque soy muy fuerte. La verdad, yo no pienso que sea fuerte. Pienso que soy sensible y frágil. *Sobre todo frágil.* Siento que con cualquier cosa podría romperme, o que quizá ya estoy tan roto que ni me doy cuenta. Aunque… me he roto muchas veces. Y creo que no voy a poder seguir adelante, pero al final lo hago. A pesar de todo.

Quizá sí soy fuerte, pero en realidad no me siento así. Me siento muy frágil y como que el mundo entero se me viene encima. ¿Alguna vez te has sentido así? Espero que no, porque sentirse así es triste, es *muy triste*, y si hay algo que no quiero que sientas nunca es tristeza.

Peter Pan… Chico perdido… *Estar perdido…*

Esto no será ninguna sorpresa, pero escribí *El blog secreto del chico perdido* porque sentía que *yo* era ese chico. No estaba listo para ser encontrado. No sabía ni cómo demonios encontrarme, ni dónde, ni cuándo. Escribí la *novelette* y quedó linda, pero seguía sin encontrarme. Luego, un día, de la nada, lo hice. Ahora que lo pienso, me parece que fue él quien me encontró a mí. Así como tú. Nunca encuentro nada, sino que me encuentran. Soy a quien encuentran.

No puedo hallar nada por mí mismo. Debo esperar a que me encuentren, porque yo solo no encuentro nada.

Qué cosa tan triste.

No sé por qué los adolescentes somos tan melancólicos. Tal vez es porque tenemos muchas preguntas y muy pocas respuestas. Tal vez es porque estamos confundidos y no encontramos forma de dar con lo que buscamos. Tal vez es porque no estamos de un lado ni de otro, y porque en realidad no sabemos ni dónde demonios estamos. Tal vez es por todas las emociones y sensaciones nuevas que no controlamos y no sabemos cómo manejar. Tal vez es porque nadie nos comprende, principalmente nosotros mismos.

Siempre quise comprenderme a mí mismo. Me analizaba mucho. Todavía lo hago. Intento buscar muy dentro de mí por qué actúo de tal o cual manera, por qué pienso así, qué fue lo que me llevó a ello. Esto contribuyó a que fuera una persona asilada. Solitaria no. Había gente a mi alrededor. Y a veces hasta me reía con ellos...

Pero, muy en mi interior, me sentía solo. Todavía me pasa. Aunque, como te digo, he aprendido a lidiar con ello.

Quizá la razón por la que los adolescentes somos tan melancólicos es porque todo se siente como demasiado. Todavía me parece que el mundo es demasiado. Demasiado grande, demasiado misterioso, demasiado incomprensible, demasiado... demasiado. Solo es *demasiado*.

Te contaré otro de mis grandes secretos: no sé qué hacer con mi vida. Lo único que he querido es escribir y tocar mi instrumento. Eso era lo único que quería hacer, y todavía lo hago. No puedo imaginarme la vida sin alguna de las dos cosas. Pienso que forman parte de mí, de quien soy, de lo que soy.

La verdad es que te he mentido. No tengo todas las respuestas. Solo algunas de ellas: quién soy, qué soy, qué quiero hacer con mi vida (saber *qué quieres hacer* con tu vida y saber *qué hacer* con ella son cosas muy distintas). Creo que son preguntas importantes, pero las otras todavía me atormentan. Odio a la gente que se hace esas preguntas tan grandes porque yo todavía no tengo sus respuestas. Y quizá nunca las tenga. Quizá nadie las tiene.

Quizá la única persona que tiene todas las respuestas ya no está viva, y si es así, no importa, porque esa persona quizá ni se interesa en las preguntas.

Qué triste es la vida de un niño perdido que ha sido encontrado pero que nunca puede encontrar nada y que se pregunta si muy en el fondo no seguirá perdido. Qué triste es la vida de un adolescente melancólico, pero no porque su vida sea triste, sino porque su única manera de verla es a través de unos cristales melancólicos, aunque en realidad no lo sea.

Qué triste la vida de Peter Pan. Qué triste la vida de quienes aún no tenemos todas las respuestas. Qué tristes las vidas de todos los que muy por dentro somos el niño que nunca quiso crecer.

En compás ternario

Adagio. Dolce. Pianísimo. Poco piú mosso. Poco a poco crescendo. Sultasto. Andante. Moderato. Mezzo forte. Crescendo molto. Stringendo. Apasionato. Forte tenuto. Allegro vivace. Fortísimo. Con ligereza.
Calderón.

PD: Así me enamoré de ti (comenzando en adagio y terminando en calderón), siempre en compás ternario (porque los valses van al ritmo del corazón, por lo que obviamente se disfrutan más) y, principalmente, porque te amo se dice en tres sílabas (al igual que tu nombre, querido Inmortal.

Al igual que tu apodo.

Al igual que tú y yo.)

Langsam

de Concierto de luciérnagas

No me hablas
 me murmuras capas de superhéroes

 No me tomas la mano
 me aferras a la corriente

 No me sonríes
 me despiertas las emociones

 No me abrazas
 me juntas
 los pedazos
 rotos.

Asma

Te contaré la verdad sobre el asma: es una mierda. No había tenido un ataque desde el año pasado, pero supongo que había sido demasiado bueno para ser verdad y, pues, como consecuencia, aquí estoy, acostado en una cama, esforzándome a más no poder para respirar, y simplemente queriendo que ya todo termine.

No sé si te lo habían dicho antes, pero tener asma agota mucho. Hacer tanto esfuerzo para respirar es agotador, y tan así quedo que lo que me provoca en ocasiones es dejar de intentarlo. Dejar de esforzarme. Solo… *dejar de luchar*.

Desde que me levanté fue con fiebre, dolor de cabeza y náuseas. Fui al mercado, hice una cola de una hora para comprar un poco de queso, y cada minuto de esa hora sentía que me iba a ir en vómito. Cuando la espera finalmente terminó, fui hasta la parada para tomar un carrito que me trajera a casa, y en él me di cuenta de que no estaba respirando. Cuando llegué a mi casa, me nebulicé (el nebulizador está malo, por cierto), y la medicina que hace efecto más rápido e inmediato, el inhalador, no se consigue desde hace un año. Luego, para colmo, me acosté en mi cama para reposar, y se dañó el aire acondicionado.

Háblame de un mal día…

Quiero escribir alguna de las novelas que inicié, o continuar un relato corto, pero lo único en lo que puedo concentrarme es en respirar, y sé que si dejo de hacerlo me voy a morir (literalmente).

Y, joder, pasé demasiado tiempo buscándote como para dejarme morir ahora que finalmente te he encontrado.

Había pasado tanto tiempo sin tener un ataque de asma que casi había olvidado cómo era. La ansiedad que causa no poder respirar, no poder controlar lo que me va a pasar, sentir que tengo la muerte a la espalda, a la vuelta de la esquina, apremiante…

No, no es una sensación bonita, pero la he experimentado muchas veces en la vida. Recuerdo una particular que fue tan fuerte que auténticamente creí que me iba a morir. Todavía no me explico cómo es que sobreviví, pero ese ataque me impactó tanto la existencia que me inspiró a escribir una novela (*La cima del mundo*). Sé que no fue muy original de mi parte, pero no pude evitarlo y…

Acostarme de lado me cuesta. Comer es una completa tortura. Incluso tomar agua supone un grandísimo reto y…

Y si te soy honesto, no quiero luchar. Estoy cansado de todo, de esta vida, de este país, de esforzarme y que al final no sirva de nada, pero hace tiempo me dijiste que somos un equipo, y ¿qué clase de compañero de equipo sería si te abandono así como así? No sería justo para ti, y si hay algo que definitivamente no quiero es que te enojes conmigo, sin importar si para ese momento sigo con vida o no.

Te extraño muchísimo. Me gustaría que me abrazaras justo ahora y que no me soltaras nunca. Cuando pienso en mi casa, siempre pienso en ti. Lo sabías, ¿no? Que eres mi casa. Que eres el sitio al que quiero volver siempre, el lugar en el que descanso, mi…

(Quizá sea la falta de lucidez producto de no poder respirar bien, pero tengo que decirlo): *Eres mi ancla*. En este preciso momento, donde esforzarme se ve como la lucha más jodida del mundo, donde estoy tan cansado que hasta la oscuridad me parece un descanso tentador, donde siento que no puedo más, rendirme me suena como lo más lógico y obvio que debería pasar.

Sin embargo, estás tú. Estás tú en mis recuerdos, con tu risa de niño pequeño, con tu sonrisa más brillante que la luna, con tus ojos más oscuros que el café, con tus dedos tan delgados y que encajan tan bien entre los míos…

Querido Chico Alto De La Gorra Y Los Audífonos: eres el ancla que me ata a esta locura. Estoy cansado de luchar, estoy cansado de todo esto, pero por ti haría una excepción porque eres demasiado maravilloso como para no ser la mía

.

Eres demasiado maravilloso como para no querer luchar por verte de nuevo.

Eres demasiado maravilloso como para no querer luchar por oírte de nuevo.

Eres demasiado maravilloso como para no querer luchar por abrazarte de nuevo.

Eres demasiado maravilloso como para no querer luchar por ti.

Hyggelig

Estábamos en el sofá, abrazados, mientras (me) leías poemas que (te) había escrito hacía meses.

Me pregunté si sabías que esos poemas habían sido inspirados en ti, en lo que me causas, en las mariposas que me despiertas en el cuerpo entero cuando me miras, si sabías que los había escrito pensando en nada más que tú.

Fue una de las escenas más surreales que viví en mi vida. Ambos riendo, abrazados, oyendo mis palabras salir de tu boca, escuchando mis emociones narradas por la persona que me las provocó…

De las locuras más grandes de la existencia, pero que, en definitiva, disfruté a más no poder.

Y, ¿sabes qué es otra de esas cosas que disfruto a más no poder cuando estoy contigo? Tomarte la mano. Se ve como algo simple y pequeño, pero (cuando se trata de ti) es absolutamente fenomenal. Sobre todo cuando nos estamos besando, cuando nos vamos acercando más y más el uno al otro, y me tomas la mano con delicadeza y… no lo sé. Es como *estoy aquí, contigo, y nada más me importa justo ahora en el universo.*

También me gusta cuando nos reímos a mitad de los besos. Me parece tierno, como cuando me abrazaste aquel día tras decirte que no quería que mataras una flor para dármela, o como la primera vez que me dijiste te amo y me derretiste tanto el corazón que te quedaste en su interior (y desde entonces no has salido de él).

Me encanta abrazarte, aunque me parece que no lo hemos hecho lo suficiente. Deberíamos abrazarnos por mucho más tiempo, como por días o semanas completas, y quizá y solo quizá así me baste (aunque no creo que mucho, porque cuando se trata de ti siempre quiero más).

Y, pues, te confesaré algo: me da miedo quererte muchísimo y que luego solo te marches, que me dejes hecho pedazos, que te vayas con la misma facilidad con la que me llegaste al alma... porque, joder, eres una persona maravillosa. Eres asombroso, increíble, inteligente, listo, gracioso... Si me dejas, sé que después no podré aceptar a nadie, ¿sabes? Y te quiero tanto que sé que, si me partes el corazón, no será igual a las veces anteriores que ya han hecho eso conmigo; sé que esta caída será mucho más dolorosa, porque la subida ha sido más alta y...

Y no, no por eso me alejaré de ti, porque no soy tan estúpido.

Pero el miedo sigue ahí, y lo único que te pido cuando se intensifique o se haga más notorio es que, por favor, me abraces.

(Mi mundo es más bonito cuando me tienes entre tus brazos.
Mi mundo está en orden y calma cuando me estás tomando la mano.
Así que, por favor, no dejes de hacerlo...

No después de haber descubierto que eres mi casa.)

Al cielo

—Me puedes llevar.
—¿A dónde?
—Al cielo.
—¿Qué?
—Un beso y ya está.
—…
—Te juro que con eso bastará.
—P-Pero…
—Es que, cuando se trata de ti, siempre es fácil. Ir al cielo, tocar un arcoíris con los dedos, vivir… *Todo es fácil*.

Sobre mí

Nota obligatoria: Hace poco escribí este *sobre mí* en mi blog. He hecho varios a lo largo de mi vida, pero este ha sido el primero que se ha sentido honesto. Por eso lo quiero compartir aquí, contigo, porque se siente como yo, porque es real y vulnerable, y solo por eso me parece maravilloso.

(Ahora sí comenzamos.)

Estudio Educación mención Dificultades de Aprendizaje (educación especial) en la Universidad Nacional Abierta. En realidad no sé por qué comienzo un *sobre mí* diciendo qué estudio, como si eso fuera lo único importante en la vida. Las calificaciones, el currículo… Me parece que la vida es mucho más que un currículo y calificaciones, que la vida es más que una lista y números, pero aquí estoy…

Tal vez deba empezar un *sobre mí* diciendo que soy artista. Me encanta el arte. Siempre soñé con ser arte, aunque suene raro. Toco contrabajo en una orquesta (es decir, soy músico), y escribo. Escribo mucho y escucho mucha música. Creo que la escritura y la música son parte de mí. No podría vivir sin ellas. No sé qué sería de mí sin ellas, y tampoco quiero averiguarlo.

Hago arte y soy un dragón. No me preguntes por qué soy un dragón. Solo lo soy. La gente no escoge ser lo que es, y no es muy cortés preguntarle a alguien por qué es una cosa y no otra. Solo soy yo. Nunca he podido ser más, pero me es suficiente.

A veces.

Escribo desde que tengo 12 y leo desde que tengo memoria. Escribo más que todo Drama, Romance, *Young Adult* y Poesía, pero decidí probar con *Sci-Fi* a ver cómo me va. Lo que más me gusta escribir, sin embargo, es la poesía. No puedo vivir sin la poesía. El mundo no sería mundo si no existiera la poesía. Y entonces yo no sería yo, porque la poesía es una parte de mí.

Aunque algunas de las etiquetas que uso para describirme son poeta, escritore y músico, la que prefiero por encima de todo es artista. Creo que no todos los artistas hacen arte. Quizá algunos son arte, aunque no lo noten. Aunque yo soy artista y sí hago arte. Me gusta hacer arte. No sé qué haría sin el arte.

Siempre quise ser una persona profunda. No sé si lo soy, aunque a veces me dicen que sí.

Me parece que vemos mal el mundo. La belleza está no sobrevalorada, sino mal enfocada. Tenemos un concepto erróneo de la belleza. Al menos, eso me parece. Pienso que la verdadera belleza se halla en la forma de reír de las personas, y en su sonrisa. La sonrisa es la parte más linda de alguien. A veces la sonrisa es chueca o triste, pero todos estamos un poquito rotos por dentro. No creo que pueda ser de otra forma nunca.

Creo que el arte bueno es el honesto. El arte se trata de honestidad, de decir la verdad aunque dé miedo. Creo que todos somos niños asustados muy en el fondo, y que cubrimos eso con capas, como Shrek y su cebolla. Quizá todos somos Shrek. Qué lindo pensarlo.

Nunca encajé en ningún lado. A veces pienso que todavía no lo hago. Tal vez no vine al mundo a encajar, sino a otra cosa. Otra cosa más importante, solo que no logro verla…

Lo único que nos conecta a todos los seres humanos son las emociones, los sentimientos. Habla de miedo y te entenderá todo el mundo. Habla de amor y todos se sienten. Si hablas de corazones rotos, te comprenderán más rápido. A todos nos han roto el corazón. Tal vez nunca sanó del todo y lo seguimos llevando así en el pecho.

Las emociones son poderosas e importantes. Es lo que nos caracteriza como humanos. Me gusta escribir historias y poesía porque quiero que la gente sienta algo. Yo siento mucho y por eso escribo, para desahogarme. Tengo un amigo que dice que los artistas crean arte porque se ven en la necesidad de expresarse a sí mismos. He leído frases que dicen que los escritores somos varios mundos contenidos en una sola persona.

Pienso que eso es cierto. Por eso escribo. Porque siento mucho y quiero que quienes me lean sientan lo mismo que yo. Quiero sacar esos mundos que están dentro de mí porque a veces me pesan. Hay muchas cosas que me pesan y la mayoría son emociones. Creo que me las guardo mucho y por eso me pesan tanto. Quizá no debería guardarme tanto...

Confieso que le tengo miedo a la oscuridad. Creo que le tengo más miedo a la que tengo dentro que la que está fuera. Pienso que todos tenemos oscuridad dentro de nosotros, aunque sea un poco. Que somos como la luna, con una parte brillante y una oscura. Me parece lindo pensar que somos lunas. Creo que lo importante es que el lado lumínico sea mayor que el oscuro. O no dejar que el oscuro nos consuma...

Sí. Creo que es eso.

No sé qué más decir de mí. Me han roto el corazón muchas veces. He llorado mucho. En realidad lloro a menudo. *Muy a menudo.* Soy demasiado sensible. Esa también es una parte de mí, de quien soy. Creo que es una de las cosas que me hacen artista. O que me caracterizan.

Sobre mí

O quizá por eso soy artista, porque siempre siento mucho.

Sin embargo, eso es algo que (ya) no me pesa. Durante muchos años me sentí mal por ser muy sensible, pero luego vi todo lo que podía crear gracias a eso y me pareció que no era malo. Ese "defecto" me había llevado lejos. Listas top 100 a nivel internacional. Jamás lo hubiera pensado. Y todo gracias a esa sensibilidad que en su tiempo me hacía llorar, porque hasta cierto punto la odiaba...

Nuestros errores nos hacen humanos, y nuestros defectos muchas veces se vuelven fortalezas que nos permiten llegar a sitios antes ni imaginados. Ese "defecto", ese algo de mí que odiaba, era una ventaja, solo que no lo había visto antes. Hoy en día sí lo veo. Y agradezco tenerla. Agradezco ser así. Agradezco ser yo, aunque a veces quiero ser más que *solo yo*.

Creo que todos queremos ser más que solo nosotros. La vida es muy corta para todo lo que queremos.

Sin embargo, hay que vivirla. Después de todo, para eso se creó.

Voy por el mundo sintiendo que llevo un caos dentro de mí. Caos y muchas emociones. Y muchos planetas también. Sin embargo, del caos nacen cosas hermosas a veces. Creo que de los caos nacen estrellas. Y las estrellas son hermosas. Tal vez eso son mis escritos: estrellas. Brillan para mí y para otras personas. Espero que brillen para otros. Pongo una parte de mi alma en cada cosa que escribo.

Así es como soy. No puedo evitar ser así. No puedo evitar ser yo.

Y quizá ese brillo que son mis escritos es parte del que tengo dentro. Me gusta pensar que es eso. Voy a pensar que es eso.

Y solo espero que nunca deje de ser así.

Pensando en tinta escrita (parte 2)

Justo ahora estoy oyendo una canción que es un poco difícil de describir. La escucho y quiero que me abracen. Siento como un pequeño vacío en mi pecho, como una gota de tristeza que vuelve todo de un color ceniciento, y quiero que me abracen no para que llenen ese vacío o vuelvan mi mundo de colores —quiero que me abracen porque sé que así sentiré que podré soportar esto, que todo se hará un poco más fácil de lidiar, que no estoy solo y que aunque sea una única persona en el mundo me comprende.

PD: Confieso que me gustaría que tú me abrazaras, pero estás demasiado lejos y, por consiguiente, no es posible.
PD2: Sin embargo, el tenerte lejos no me impide extrañarte, no me impide pensarte, no me impide quererte.

Te busco

te busco canciones, te busco poemas,
 te busco acordes que te hagan justicia.
 te busco armonías, te busco melodías,
 te busco el brillo que tienes
 que quizá ni siquiera sabes que tienes.
 te busco en las estrellas, te busco en las burbujas,
 aunque sé que eres mucho más que eso.
 te busco en las palabras, en las rimas, en las letras,
 aunque eres mucho más que tinta,
 mucho más que un papel.

 eres la armonía más pura
 que he podido sostener con los dedos.
 eres la poesía más vívida
 que ha podido latir en mi pecho.
 eres el abrazo más cálido
 que me ha recorrido las venas.
 la sonrisa más monda
 que se me ha quedado atorada en el alma,
 al igual que todo tú, y
 dudo que alguna vez salgan de allí.

 (…)

y ahora que lo pienso bien,
no sé para qué busco tanto arte
que te haga justicia, que te merezca,
que compita contigo o algo parecido porque
no hay nada que compita contigo,
nada te merece, ni siquiera el mundo, y
no necesitas arte que te describa porque
tú eres ese arte,
aunque no lo imagines, veas o entiendas,
y nada podría describirte porque
eres tan asombroso que
solo tú alcanzas para explicar eso,
para explicar ese algo tan jodidamente de otro mundo
que solo puede ser tú.

Palabro

Hace tiempo me enojé con la RAE porque aceptó palabras extrañas que se ven HORRIBLES escritas. Por ejemplo, ño, güisqui y palabro. ¿Puedes creerlo? *Palabro* es una palabra *real*.

El momento en el que me enteré, me iba a dar algo, pero después de unos días lo acepté porque entendí una verdad muy grande: *las cosas vivas cambian.*

Todas las cosas vivas van cambiando, evolucionando, porque es parte natural de la vida, y eso incluye los idiomas, el lenguaje, la sociedad, incluso los mismísimos valores, que a veces uno piensa que se pierden, pero en realidad solo han cambiado.

Es como la ley de la materia: no muere, sino que se transforma…

Y así pasará con los dos, querido Inmortal: vamos a cambiar. Vamos a evolucionar en personas que justo ahora ni siquiera imaginamos, y respecto a eso solo espero dos cosas: (1) que las personas en las que nos transformemos sean felices y ellas mismas, y (2) que cambiemos juntos, a la par, y siempre al lado del otro.

En cada pétalo

De Fall for the both of us to stay in forever

te voy dejando así,
   de a gotas entre mis pentagramas,
   de a puntos entre mis rimas,
   de a armonías entre mis jardines,

   porque no quiero que seas como una flor
   que está solo en un lugar, sino
   que seas como polvo de hadas que
   voy esparciendo de a poco en
   todos los rincones del universo, y que
   cuando necesite volar, porque la vida
   me trae demasiado abajo,
   te busque en cualquier lugar,
   al alcance de mis lágrimas, de mi pecho,
   justo ahí,
   en el medio de todo,
   y…

   (…)

En cada pétalo

necesito que estés
en cada esquina del mundo
para que cuando alce la vista de
mi día de mierda,
pueda ver aunque sea
en porciones pequeñas
tu calidez tan vívida,
tan real, tan en mis venas que
entienda que
siempre estás conmigo,

y que por eso,
porque me haces
feliz,

no tengo nada que temer.

Iridiscencia

Hace unos segundos estaba en el auto que me traería a casa. En la mañana estuve haciendo arreglos para cosas referentes a la escritura (cosas que parecen sencillas, pero que agotan muchísimo), tuve que preparar el almuerzo para mi familia, ir a dar clases, y de ahí me fui a la orquesta para ensayar. Después de Beethoven, Wagner y Shumann, después de mucha concentración para que las piezas me salieran decentes, después de la cola gigantesca que tuve que hacer para poder tomar un carrito que me llevara a mi casa…

Después de todo eso, a mitad del camino, veo que no hay luz.

Así es: después de TODO lo que esperé, después de todo el día tan agotador, después de simplemente *todo*, voy aproximándome a mi casa, y veo que no hay luz, que no habrá luz en ella, y lo primero que hago, más por costumbre que por otra cosa, es maldecir.

Sé que en otros países también se va la luz, sé que en otros países no todo es color de rosas, pero, joder, que sé más que bien que, de vivir en otro lugar, no me estresaría tanto como viviendo en Venezuela.

A mi casa llega el agua tres veces a la semana (en las semanas buenas, eh, porque a veces solo llega dos e incluso hasta una y ya). No ingiero comida nutritiva; ingiero lo que haya en la nevera, que rara vez es abundante, y no porque mis padres gasten todo el dinero en sí mismos, sino porque en el país no hay comida (y cuando hay, es exageradamente cara, y tanto es así que no podemos pagarla, cosa que no sucede solo en mi familia).

Soy escritor, eso lo sabes muy bien, y el serlo, simplemente por vivir aquí, ya representa un problema gigantesco. La gente no aprecia el arte, y las inclinaciones artísticas se ven más como un desperdicio de persona que como una posibilidad para crecer como nación, cultural y artísticamente.

Para mí ha sido difícil conseguir los medios para trabajar, para expandir mis horizontes, para sentir que esto que hago es mucho más que un simple pasatiempo, y sea tan triste como suene, esos medios no los he conseguido aquí, esas oportunidades no me las ha dado Venezuela. En realidad es muy triste; otros países me han dado más oportunidades que aquel en el que nací, e irónicamente este no ha hecho más que destrozarme sueños y esperanzas.

Bueno, no, estoy mintiendo. Quien me ha destrozado los sueños *no* es el país… sino *la gente que lo gobierna* (y tan prueba de ello es que un montón de gente se ha ido; si aquí estuviéramos tan bien, nadie emigraría).

Pero, sí, básicamente ese es el pensamiento que lastimosamente he adquirido: *vivir en este país es una cárcel. Estoy desperdiciando mi juventud aquí, mis mejores años. Este país me está robando los sueños.*

Odio este país.

Y cuando venía hoy en el carrito, cerca de llegar a mi casa, y vi que no había luz, entendí que no podría descansar como quería, comprendí que no podría oír música ni hacer prácticamente nada…

Sentí ese odio en mi interior de forma más intensa que antes.

Quería maldecir, golpear cosas, quejarme y culpar a cientos de personas. Bueno, en realidad no eran cientos; simplemente eran unos cuantos, cuyos nombres ya todos sabemos…

Pero el punto es que, cuando bajé del carrito, mi ira mermó.

¿Alguna vez has oído eso de que las estrellas se ven solo en la oscuridad? Pues presencié eso de forma literal, y fue tan hermoso que (al menos por ese momento) no me importó que no hubiera luz.

Las estrellas se veían magníficas en el cielo. Eran como copos de nieve regados en un lienzo gigante, como motas brillantes que destacaban solo si te detenías a detallarlas. Esto de las estrellas desde hace años ha llamado mi atención, porque ellas siempre están allí, haya luz o no, la noche sea fría o no, las admiremos o no. Es de las cosas más hermosas que existen y que podrás encontrar en la naturaleza: las estrellas.

Pero nunca las observamos porque estamos demasiado concentrados en otras cosas.

Y comencé a contar: uno, tres, cinco, seis, nueve, doce. Ya iban más de quince, y lo único que pensaba era en ellas, en cuán preciosas se veían, y en lo afortunado que me sentía de poder verlas y asombrarme por su belleza.

Para el momento en el que giré la cuadra, porque tenía que girarla para poder ir a mi casa, me encontré con otra cosa que me dejó tan asombrado como segundos anteriores: la luna. Gigante, majestuosa, encantadora, y con un brillo tan pequeño pero al mismo tiempo constante que, una vez te acostumbras a él, te parece suficiente para seguir avanzando.

Ya ni siquiera pensaba en lo difícil que era vivir en un país con crisis y una guerra civil (disfrazada) desatada: solo pensaba en el cielo, las estrellas, la luna, y en el halo arcoíris que se formaba alrededor de ella en las noches más bonitas.

Tomé aire, lo contemplé todo por varios segundos, queriendo congelar esa vista en mi memoria, queriendo retenerla para buscarla después, en días más duros, y sonreí. *Qué hermosa es la vida*, pensé. *Qué hermoso lo que nos rodea, y cuán poco el tiempo que dedicamos a darnos cuenta de ello.*

Y estuve a unos pasos de entrar a mi casa cuando vi una luciérnaga. Me emocioné como no tienes idea, porque las luciérnagas son de mis animales favoritos en *todo* el mundo; la busqué con los ojos una y otra vez, necesitando su brillo como si fuera una promesa que sostenía que, a pesar de que estaba rodeado de oscuridad, todo iba a salir bien al final.

Sin embargo, no la volví a ver; se había perdido, solo la había visto titilar una vez, y con eso debía conformarme. Terminé de dar los pasos hasta mi casa, introduje la llave en la puerta, y cuando giré unos segundos para contemplar de nuevo la luna, porque era demasiado hermosa como para no detenerme a hacerlo, la vi de nuevo: la luciérnaga estaba ahí, otra vez…

Y titiló varias veces.

Quizá resulte tonto e infantil, pero me pareció que esa luciérnaga titilaba *para mí*. Me dijo *aquí estoy, sé que me estás mirando, y solo por eso hago esto, porque sé que tú lo vas a apreciar.*

Sonreí y entré a mi casa. Mi mamá me tenía la cena hecha, mi hermano había preparado gelatina, cosa que no comíamos en meses, y me sentí feliz. No en sí por la comida, sino porque entendí que, aunque haya cosas malas, habrá siempre otras buenas, y que aunque no sean demasiadas, a veces son suficientes para seguir.

Mientras comía, minutos después, escuchaba los grillos y algunos pájaros cerca del techo. Pensé en toda la situación apenas vivida, en la que estaba viviendo en ese mismísimo instante, y me sentí orgulloso de mí mismo. Pude haberme concentrado en el hecho de que no había luz, pero, en su lugar, aproveché esa oscuridad y esa calma para mirar las estrellas, contemplarlas, y dejar que me causaran una felicidad que solo ellas podían provocarme.

Es como… si me tiras ladrillos, te lo agradezco, porque con ellos construiré un fuerte.

Si me lanzas ladrillos, no importa, porque yo aprendí a volar.

Y no, no me gusta vivir en un país en crisis justo cuando vivo los mejores años de mi vida, pero es lo que hay, por los momentos no puedo cambiarlo, y lo único que puedo hacer es aprender a sobrellevarlo y, por más extraño que resulte, a sacarle provecho.

(A apreciar lo bueno, aunque sea poco. A disfrutar lo asombroso, aun cuando no sea mucho. A ser feliz, a pesar de todo lo malo…

O, al menos, *a intentarlo*.)

Puedo hacer eso, sí, *o* puedo concentrarme en la oscuridad, maldecir a cuanta gente se me pase por la mente, e ignorar todas las estrellas tan hermosas que hay en el cielo, justo ahí, sobre mí, al alcance de una mejor actitud.

Y paciencia. Mucha, pero *mucha* paciencia...

PD: Si esta historia hubiera sido una metáfora, tú habrías sido la luciérnaga.

Así que... sí, *gracias por titilar para mí.*

Él

(Él) me mira como si (yo) fuera un cuadro de un museo. Me trata como a una flor frágil que sabe que se rasga con facilidad. Ha tenido más de mil motivos para irse, pero se ha quedado conmigo a pesar de todo. Cuando hay una estrella en el centro del salón, pero yo estoy allí, él me mira a mí. A veces nos vemos y estoy despeinado, sin maquillaje, vestido con la primera ropa que conseguí en el armario ese día, agotado y bastante más estropeado de lo que me gustaría admitir, y él solo sonríe y me dice *amor, ¡pero qué guapo te ves!*

Me toma la mano con ternura y habla de mí con orgullo. Me besa con suavidad, con delicadeza, y siempre me hace reír. Comparte cosas que le gustan conmigo, y me saca sonrisas en los momentos más inesperados. Es muy paciente conmigo, y me respeta en *todo* momento. Cuando estoy muy estresado por la vida, él logra calmarme. Si tengo depresión o ansiedad, él habla y todo está mil veces mejor.

Abrazarlo es como volver a casa después de un día de mierda. Tomarle la mano es como escuchar esa canción que te recuerda que todo va a estar bien. Oírlo es como mirar un cuadro que te provoca tantos sentimientos que no puedes hacer más que callar y admirarlo. Si pudiera, estaría en su pecho todo el rato, o en su cuello, o simplemente viéndolo, porque así de hermoso es…

Y me causa gracia que hablo de él y me suena a un personaje de una historia, pero es real, la persona más real del mundo, y eso me alegra como no tienes idea. Cuando te digo que fue imposible no enamorarme de él, lo digo completamente en serio: es imposible conocer a una persona tan maravillosa y no caer a sus pies, que no se te meta en el alma, que no te conquiste sin tener que ponerte un dedo encima.

Y yo, respecto a eso, no soy la excepción.

O, al menos... *no tratándose de él.*

Día 81

todavía no comprendo cómo o por qué es que te gusto, pero gracias. por quererme, por quedarte conmigo, por elegirme de entre tantas personas en el mundo, por motivarme a ser mejor cada día, por hacerme feliz, por ser tan maravillosamente asombroso.

gracias por ser tú.

por formar parte de mi vida.

por todo.

Cuentos de hadas

Lo único que me gustaba de los cuentos de hadas eran las hadas. Las historias como tal… dependía de cada una en particular, pero por lo general no me gustaba que se vieran a las mujeres, a las Princesas, como un trofeo. El Príncipe o caballero o lo que fuera emprendía una aventura gigantesca, se enfrentaba contra males, demonios y vayas tú a saber qué, derrotaba al dragón y todas las fuerzas oscuras, y al final la Princesa estaría ahí, en la torre, esperándolo con los brazos abiertos como si fuera lo más lógico y natural del mundo.

Y la Princesa estaba ahí, como si su amor y ella misma fueran un trofeo que se ganaba el chico.

Eso nunca me gustó. Me parece algo estúpido, sin ánimos de ofender. ¿Por qué deben hacer ver que el amor de alguien es un trofeo? ¿Por qué deben hacer ver que *las personas* son trofeos? La gente está con quien quiera estar, no porque alguien hizo algo impresionante y por ello *se merece* a esa persona. Eso es amor condicional, está ahí por esa razón, y en mi opinión muy personal no es sincero.

(Y si el amor que te une a alguien no es sincero, ¿para qué seguir con esa persona?)

La gente se enamora de quien se enamora por la razón que sea, pero no es porque hizo algo para ganárselo. No algo como luchar con un dragón, aclaro, porque eso de querer enamorar a otra persona es distinto y por mucho…

Pero sí, mi punto es ese: las personas no son trofeos. El amor no es un trofeo.

(…)

Te cuento esto particularmente porque estuve pensando en ello ayer o el día anterior. Cuando veía los cuentos de hadas, yo no quería ser la princesa que se quedaba esperando a que la rescataran en la torre. No en sí por mi independencia y todo eso, sino porque yo quería ser quien fuera a vivir las aventuras. Enfrentarme a dragones, cazar, pasar un puente que está por caerse con la amenaza de morirme ahogado en lava ardiente. Tomarme las pociones mágicas y esperar que de verdad funcionaran y que fueran las correctas…

Yo quería eso, ¿sabes? Las aventuras, lo emocionante. La adrenalina en las venas.

No quedarme esperando como una tonta a que alguien más me viniera a rescatar.

(…)

No digo que yo quería ser quien emprendiera las aventuras como si fuera a creer que después habría una chica en la torre del castillo cuyo amor de la nada *merecería, me ganaría,* o que *ella que me amaría incondicionalmente* o algo por el estilo. Y tampoco lo digo porque no soy una chica.

No, no, no…

Lo digo porque creo que eso quise siempre internamente: vivir. Salir al mundo y conocerlo, aunque en el proceso me partiera una pierna, me cayera un rayo encima y un burro se volviera mi mejor amigo.

(…)

Lo que quiero decir con esta nota es que pienso que todos deberíamos ser los Príncipes de los cuentos de hadas: que salen a vivir aventuras. Que salen y descubren el mundo. Que pelean contra los dragones y hacen cosas asombrosas.

Pero no por Princesas o la promesa de que alguien los amará…

Sino por el simple arte de vivir.

(…)

Y en realidad no hace falta el título de Príncipe para eso. No hace falta ningún título ni ningún honorario; lo que hace falta es las ganas de querer emprender aventuras. De intentarlo, fallar y volverlo a intentar. De no desaprovechar la única oportunidad que tenemos de vivir…

Lo único que falta es valentía.
Y ganas de querer comerse al mundo.

Ramé (parte 4)

de Fall for the both of us to stay in forever

escríbeme lo que quieras:
  el lienzo y las plumas son todas
  tuyas.
  escríbeme lo que quieras:
  te juro que quiero que me escribas
  tanto como tú quieres hacerlo.

  me gustan tus letras,
  la sutileza de tus rimas…
  me gustan tus palabras,
  la ternura de tu poesía…

  ¿sabías que me traes tan loco
  que me vuelves agua cuando
  me hablas?

  pues sí: estoy loco por ti,
  la oscuridad de tus pupilas me derrite,
  me tienes suspirando cada vez que sonríes,
  el ritmo de tu boca me traza los latidos,

me conviertes en polvo de estrellas cuando me tocas y,
joder, que no quiero que dejes de tocarme
nunca...

te amo. me haces feliz.
estoy enamorado de ti,
pero a lo grande, como la primera vez que
tomas una flor y lo único que piensas es
pero qué bella, qué hermosa, qué
colorida y aligera vidas es esta obra de arte y...

sí. eres hermoso. eres bello. eres maravilloso,
en todo el sentido de la palabra.
me llenas de colores, de risas, de alegría.
me aligeras la vida y eres la obra de arte
más delicada y encantadora
que he visto en toda mi existencia.

y solo... no lo sé.
gracias por ser tú, por quererme,
por causarme tantas mariposas en
el estómago y,
más que nada, querido mío:

gracias por ser real, por existir,
por ser mi realidad ahora y,
con la suerte que espero tener,
hasta que la muerte
nos
separe.

Algo mejor

Hace tiempo leí en algún lado (o quizá fue mi madre quien me lo dijo, no sé) que TODAS las cosas pasan por algo. Es como una de las leyes de la vida, creo: todo pasa porque tiene que pasar, todo tiene un propósito, todo ocurre porque es lo necesario. Durante años, odié esta filosofía, esta forma de ver la vida. *Todo ocurre porque tiene que ocurrir.* ¿Por eso mueren niños en la calle, entonces? ¿Por eso vivimos en un país que se viene abajo a pesar de todos sus recursos? ¿Por eso es que hay tanto odio en el mundo, tanta miseria, tanta pobreza, tanta hambre?

¿Porque *tiene que ocurrir*?

Sin embargo y aunque todavía no sé la respuesta a eso enfocado a mis preguntas específicamente, puedo decir que, en lo que respecta a otras, la respuesta que me han dado no ha sido tan mala. Recuerdo que cuando entré en la orquesta quería tocar flauta trasversa o clarinete, pero, en su lugar, elegí violín y luego contrabajo, y hoy en día agradezco tocar contrabajo, porque aunque no era lo que quería desde el principio, es lo que me hace feliz, lo que siento que es lo correcto, lo mío.

Después de eso, pasaron cosas parecidas. Quería ser astrofísico, ingeniero eléctrico o doctor y, en cambio, soy escritor y músico. Sé que los sueldos de estos dos últimos no se comparan con los otros, pero soy mucho más feliz siendo lo que soy justo ahora, así que no me quejo realmente —o bueno, sí, pero no como tal de la profesión, sino de lo poco valorada que es, al igual que el arte en general.

Recuerdo que hace como tres años quise estudiar letras o música en la capital del país, pero estoy en otro estado, estudiando algo completamente diferente, y de alguna manera siento que eso era lo que debía pasar, porque de lo contrario no te habría conocido…

Y esto me hace pensar en los varios amores de mi vida que he tenido. Había uno que aseguraba y súper aseguraba que era El Amor De Mi Vida, a pesar de que ni siquiera me atreví a hablarle nunca, pero si me preguntaban en el momento, era él y nadie más. A ese le siguieron otros, obviamente, cada uno partiéndome el corazón de forma cada vez más catastrófica, hasta que conocí a una chica que creí que sería diferente.

Para hacer la historia resumida, ocurrió tal como con los demás: me partió el corazón (me atrevo a decir que hasta me partió *a mí* un poquito, pero solo un poco), y me di por vencido con todo eso del amor. Entendí que lo del *Amor De Mi Vida* no existe (como ya te expliqué, no creo en ellos), decidí seguir con mi vida, enfocarme en otras cosas, y me iba bien, no te lo voy a negar, y de la nada llegaste tú y de la noche a la mañana me pusiste el mundo de cabeza.

Ay, ay, ay, querida petunia.

Ay, ay, ay, porque te me metiste tanto en el alma que fue imposible ignorar todo lo que sentía por ti.

(Todo lo que me *hacías* sentir.)

Posterior a eso, han pasado cosas que ya sabes más que bien: comenzamos a salir. Hoy en día, estamos juntos, y cuando lo analizo un poco y miro hacia atrás, recuerdo esa estúpida frase que tanto odié: todo pasa por algo. Todo tiene un motivo. Todo tiene una razón.

Como lo dice una de mis frases favoritas de Chris Pueyo: "Y entonces descubrí que tenía razón, que las personas no siempre somos lo que quisimos ser, que *a veces somos algo mejor.*"

No siempre tenemos lo que queremos, lo que hemos querido

durante toda la vida…
A veces, tenemos algo mejor.

Hanami

Temo perderte así como temes perder la felicidad que finalmente ha llegado a tu vida después de tanta tristeza, decepciones y corazones rotos. La felicidad nunca me dura mucho, así que, por favor, compréndeme; que tenga miedo de perderte en realidad es normal. No creo en la perfección, pero, si lo hiciera, te definiría exactamente como eso: la persona más perfecta y maravillosa en la historia de la existencia.

Temo perderte por mí, no por ti; confío en ti más de lo que he confiado en alguien en años. Confío en tus palabras, confío en que lo que me dices es real, confío en que te quedarás a mi lado a pesar de mis defectos, complicaciones y desastres, pero eso no quiere decir que no tema perderte.

Es como... cuando amas tanto una flor que temes que le pase algo, y por ello buscas protegerla. Como cuando una flor te hace tan feliz que temes el día que se marchite, y por eso la cuidas y la tratas con delicadeza, porque no vas a permitir que se marchite o, al menos, harás lo posible para que no suceda.

Así es como temo perderte: por mí, no por ti, porque sé que si te pierdo habré perdido la estrella más hermosa de toda la galaxia. Así es como temo perderte: por mí, no por ti, porque una parte de mí se ha quedado en tu pecho, y sé que nunca va a regresar al mío porque, al fin y al cabo, ahora te pertenece.

Una parte de mí es tuya, y está justo donde se unen tus latidos y tu respiración.

Una parte de mí es tuya; por favor, no la dejes ir, así como yo no quiero dejar ir nunca tu mano cuando está entrelazada a la mía.

PD: Te lo explicaré de la siguiente manera, solo para que no te queden dudas: temo perderte por mí, porque nunca encontraré a nadie como tú, y en sí porque no quiero a *alguien como tú* —te quiero a ti, te amo a ti, *solo a ti*, y a nadie más.

Desastre letífico

—Dios, ¡soy un desastre!
—Sí, lo eres.
—¡Oye!
—Pero no me dejaste terminar...
—Claro, claro, ahora vas a...
—Querida petunia: eres un completo desastre —Sonreí—. Pero *eres mi desastre favorito.*

Una buena dosis de arte

te amo como pensé que solo podía amar a las flores: con ligereza, con emoción, con fascinación ante sus vívidos colores pero, sobre todo, con muchísima alegría.

(…)

nunca pensé en mí como una estrella, hasta que me mostraste que, en tu universo, yo era el sol.

(…)

a veces pienso que soy como un hilo que estiras muchísimo. todos los hilos tienen un límite, y cuando llegan a él, se rompen. sin embargo, lo que me da miedo no es romperme…

lo que me da miedo es que no estés ahí para repararme.

(…)

creo fervientemente que lo que me ha mantenido cuerdo es el arte. entre tanto agite, quehaceres, estrés por la situación del país, lo que me ha mantenido vivo, con ganas de seguir viviendo y, en sí, lo que ha evitado que me vuelva loco, ha sido el arte.

¿mucha mierda de la vida, mucho estrés, mucho… *todo*?

una buena dosis de arte.

(por eso es que te pido tan constantemente que nos veamos, ¿entiendes?

porque *eres esa dosis de arte que tomo para seguir*.)

Día 99

y todos los que nos faltan.

Rosa especial

En la ciudad en la que actualmente vivimos el sol es un tema delicado. Por un lado, me gusta tomarlo moderadamente, quizá durante unos diez o quince minutos al día, pero cuando se excede esta marca… No. *Nada que ver.* De hecho, si miras mis brazos, notarás un cambio de tonalidades sorprendente, que me gusta llamar *hasta aquí me cubren la mayoría de mis camisas,* y un *como es más que obvio, hasta aquí ya no.* Sin embargo, a pesar de que no me gusta pasar demasiado tiempo con el sol, es algo con lo que tengo que lidiar, debido a las múltiples tareas en las que estoy inmerso.

Hoy, por ejemplo, tuve que hacerlo, pero para mi propia sorpresa fue una experiencia hermosa (y precisamente de eso te quiero contar en esta nota). Estaba caminando para llegar a mi casa, pensando, metido en mi mundo, como siempre, y cuando me di cuenta el atardecer estaba a mi espalda. Sonreí al instante, porque me parece que ese es uno de los espectáculos más emocionantes que podremos presenciar en la vida entera y, como es esperado, pensé en ti. Deseé que estuvieras ahí conmigo, viendo el atardecer, tal como yo…

Pero, no, ese no es el punto de esta nota.

El atardecer de esta tarde fue bellísimo. Las nubes estaban pintadas de rosado, la luna ya había salido, el cielo se veía de un azul particularmente intenso y, pues, en general la vista era fenomenal. La aprecié lo más que pude, admirándola, detallando también los pocos árboles que había cerca y las mariposas pequeñas que volaban alrededor de estos, y mientras continuaba intentando apreciar todo por más tiempo, reteniéndolo en mi mente, para que permaneciera conmigo muchísimo más que lo que realmente duraba… *se terminó*.

Así es: un atardecer de esos MAGNÍFICOS que al verlos te quedas sin aire y a la vez sonríes porque es demasiado increíble para la vida, había terminado en cuestión de menos de diez minutos.

Y yo no podía sentirme más conmovido.

Pensé en muchas cosas. Lo primero que se me vino a la mente fue el Vals Triste de Sibelius, que se me hizo parecido debido a todo lo que tienes que esperar para que esa felicidad, ese momento máximo, esa cumbre, llegue, para que se vaya ante tus ojos en cuestión de segundos…

Pero después lo vi desde otra perspectiva.

Lo que hace que ese atardecer haya sido tan jodidamente hermoso es que no es algo común. No es algo que pasa cada dos segundos, que lo repites cuando más lo prefieras; es algo magnífico, algo glorioso, algo especial, y debes ser tú quien espere por él, no al revés.

Antoine de Saint-Exupéry dice que el tiempo que pasaste con tu rosa es lo que la hace tan importante, tan especial. Y sí, me parece que tiene muchísima razón, pero hoy en día pienso otra cosa además de eso: el tiempo que pasaste esperando a que tu rosa finalmente llegara a tu vida es *parte* de lo que la hace *tan* especial.

Querida rosa: pasé tanto tiempo esperándote que ahora que estás aquí no puedo dejarte ir.

Querida rosa: pasé tanto tiempo esperándote que, ahora que he tocado tus pétalos, que he olido tu aroma, que he visto que eres real, no puedo sino pensar que eres *la más especial de todas*.

El abecé de tus manos

A veces las óperas se me vuelven Rienzis y terminan entristeciéndome y dejándome una sensación de vacío donde antes había felicidad y emoción.

Porque sí, las óperas me hacen feliz, pero no son *lo único* que me hace feliz.

Sin embargo, ¿sabes algo que me hace feliz siempre? *Tú*. Con tu risa de niño pequeño, tu forma de sacarme sonrisas, tus manos tan hogareñas y tus ojos tan cálidos y oscuros como el café.

Oh, sí.
Eso sí que es felicidad:
que existas.

Ahora todo tiene sentido

de Fall for the both of us to stay in forever

siempre he tenido una extraña fascinación
   por los ángeles.
   nunca creí que existieran pero,
   a pesar de eso, no dejé de buscarlos.

una vez leí por ahí
que había algunos en la tierra,
y que si mirábamos con suficiente atención,
distinguiríamos sus alas.

nunca me creí esa cursilería
…
hasta que te miré la espalda.

(y entonces dije guao,
ahora todo tiene
sentido.)

Uno de esos días

Nota obligatoria: Disculpa que repita tanto ciertas palabras, pero no encuentro otras que reflejen lo que siento de forma tan exacta como ellas.

Y también quiero que me disculpes si lo que lees te entristece un poco. No es mi culpa sentir eso, al igual que no es mi culpa no poder dejar de sentirlo.

(Ahora sí comenzamos.)

Hoy es uno de esos días en los que veo el espejo y siento que la persona que me mira de regreso no soy yo. Tengo unas ganas de llorar horribles, llanto que me escuece los ojos y me va destrozando por dentro debido a que no sale. Este llanto duele más *precisamente* porque no sale, ¿sabes? Como te hablé en otra nota de las lluvias tristes —*justo así se siente.*

En días como estos, no espero nada. Hay un vacío en mi pecho y un nudo en mi garganta, y le huyo a los espejos porque, sin importar cuánto les sonría, sé que muestran algo que es falso.

Sin importar cuánto le sonría a los reflejos, sé que no muestran al yo real.

Quiero llorar y llorar, y que cuando despierte, mi pecho esté más ligero y mi cabeza más tranquila.

Quiero llorar y llorar, y que cuando despierte sienta que estoy en mi propia piel.

Me gustaría mirar al espejo y sentir que el reflejo que se ve ahí soy yo. Me gustaría salir de estas cuatro paredes que me encadenan y que en días como hoy no son más que una jaula. Me gustaría dejarlo todo atrás y poder ser yo de verdad, poder ser libre, ser solo…
yo mismo.

Me gustas

Da Vinci decía que uno solo puede amar lo que conoce.
lo compruebo contigo cada día: mientras más te conozco, más te amo, más fascinante me pareces, más me enamoro de ti.
(…)
y… es que estás tan concentrado siendo tú que no te das cuenta de todo lo asombroso que eres.
como escribí en un cuento: las flores no pueden verse a sí mismas, y por eso no se dan cuenta de cuán hermosas son.
por eso no puedes darte cuenta de cuán asombroso eres, porque no puedes verte a ti mismo de forma completa.
(…)
se me hace eterna la espera hasta que podamos estar todo el día abrazándonos sin que nadie nos diga nada, porque solo seremos tú y yo. se me hace eterna la espera hasta que vivamos juntos, despierte y seas lo primero que vea. se me hace eterna la espera hasta que llegue cansado de un día de mierda, y lo que haga que ese sitio sea mi casa seas tú.
(…)
y… te contaré algo: *me gustas muchísimo.*
me gustas porque no te importa decir una tontería con tal de hacerme reír. me gustas porque contigo me duelen las mejillas por tanto sonreír, y las costillas de tanto quedarme sin aire cuando cuentas uno de tus chistes ocurrentes.

me gustas porque me quieres por igual esté usando ropa de chico o chica, porque te gustan partes de mí que yo odio, porque me haces entender que no hay nada de malo conmigo, a pesar de que no soy todo lo que me gustaría ser. me gustas porque no tengo que fingir ser nadie ni nada más estando contigo, no tengo que ser más —siendo solo yo es suficiente cuando se trata de ti.

me gustas porque contigo no hay roles. no hay chico y chica de la relación; solo somos dos personas que se quieren, y eso es lo único que importa.

me gustas porque contigo los días especiales no dependen de números; si queremos que un día sea especial, lo hacemos especial, sin importar lo que diga el calendario.

me gustas porque me dices lo que sientes sin penas, y eso me da la valentía que necesito para yo animarme a decirte lo que siento.

me gustas porque contigo puedo ser todo lo imperfecto que soy, porque puedo ser un desastre, porque puedo ser débil estando contigo y sé que no te aprovecharás de ello.

(…)

me gustas porque eres tan suave que me ablandas el alma cuando me hablas.

me gustas porque eres un arcoíris y me has llenado de colores la vida.

me gustas porque… eres tú —y eso fue lo único que (te) hizo falta para conquistarme el corazón.

Pequeño desastre

Te contaré algo que nunca te han dicho antes, y que precisamente no lo han hecho porque muy poca gente lo sabe. Es uno de esos secretos de músicos tan bien guardados que hasta algunos de nosotros también lo olvidamos, pero hace poco lo recordé en lo que me pareció una epifanía y por eso te lo cuento, porque creo que es importante.

Todos hemos visto a un músico haciendo un *vibrato*. Quizá no sabes que se llama así, pero todos hemos visto a alguien haciendo uno, porque hasta en videojuegos los ponen y allí ni siquiera hay instrumentos reales. De hecho, tan famoso es que lo hacen también instrumentistas de viento y cantantes, a pesar de que parezca un poco descabellado y difícil.

Si me preguntas, no, no tengo ni idea de cómo se hace un *vibrato* en un instrumento de viento, pero eso no es de lo que vine a hablarte aquí —vine a hablarte sobre el *vibrato* en sí y por qué es tan importante.

Este fenómeno musical es muy famoso, quizá de los más famosos a nivel mundial. Ves a personas de TODAS las edades queriendo hacerlo, aunque no tengan mucho tiempo en la música —o quizá precisamente lo contrario, quién sabe—, y lo practican y practican, una y otra vez, porque les parece tan hermoso que, a pesar de que no tienen idea de cómo hacerlo, lo quieren intentar.

He aquí su gran secreto: el *vibrato* es una imperfección. Si lo vemos desde el punto de vista técnico, es una desafinación —porque lo ideal es que el sonido salga potente, fluido y sin interrupciones, y ese vibrar es una interrupción, teóricamente hablando, se note o no.

Cuando me lo contaron por primera vez, no me lo creí. Estábamos hablando de un efecto que TODOS los músicos querían, aspiraban o soñaban con hacer —y si ya lo hacían, aspiraban mejorarlo, porque es algo tan complicado que tiene su propia técnica y debe ser practicado para su correcta ejecución.

Sin embargo, después, cuando me puse a meditar en ello, me di cuenta de que era verdad, que era una imperfección, y no pude estar más alegre y emocionado por ello.

Como más que bien sabes, leo libros. Más que todo novelas, que a la vez es lo que suelo escribir, y si hay algo que he aprendido de ellas es que los personajes perfectos no existen. Hay gente fuerte, con cualidades sorprendentes y admirables, pero incluso ellas tienen errores, imperfecciones y defectos, y precisamente estos son los que hacen que uno los quiera, porque los vuelve humanos y, por consiguiente, reales.

Ya lo mencioné en una nota anterior: lo perfecto es tan perfecto que nadie cree que sea real. De esta forma son los personajes de las historias, y así tal cual es la vida fuera de los libros. Si alguien es demasiado perfecto, sabes que esconde algo o que está mintiendo, porque NADIE es perfecto, porque cada cabeza es un mundo y en cada mundo hay problemas, y porque la vida propia y la de nuestros seres queridos nos ha enseñado que NADIE es perfecto, por más que esa persona haga el intento de mejorar cada día.

¿Cuál es mi punto? No hay nada de malo con las imperfecciones, y el *vibrato* es una prueba de ello.

Más bien, a veces las imperfecciones son tan hermosas que se hacen famosas a nivel mundial y todo el mundo quiere hacerlas o imitarlas, porque puede que teóricamente no sean correctas, pero este hecho no les quita su belleza.

(Esto me recuerda a algunos "errores" culinarios que terminaron volviéndose clásicos o famosos, como las galletas con chispa de chocolates, el asado negro, los *brownies*, el dulce de leche, las *Crepes*

Suzette, la *Tarte Tatin*, entre otros. Comenzaron siendo errores o accidentes, y de ellos surgió algo maravilloso, y tan así es que hoy en día todavía se preparan y consumen.)

Querido Inmortal: por favor, no te entristezcas por sentir que eres un desastre. Algunas de las cosas más hermosas de la existencia lo son, y el que lo sean no les quita su belleza, su genialidad, lo que las hace asombrosas.

Además, míralo de esta manera: si fueras un personaje de un libro, esos detalles serían los que los lectores más amarían de ti, porque son los que te harían humano y lo que, al fin y al cabo, te haría real.

Y sobre eso de ser real... prefiero alguien imperfecto pero real, en lugar de alguien perfecto pero falso.

(Prefiero un pequeño desastre que es feliz porque, después de todo, el hecho de que sea un desastre no le impide ser feliz.

No le impide ser asombroso.

No lo hace menos maravilloso.)

Mi galaxia

—En mi galaxia, no eres el sol.
—Oh…
—Ni la luna.
—Está bien.
—…
—…
—*Eres la galaxia entera.*

Lo que pienso justo ahora

Esta nota, como lo indica su título, no es más que lo que estoy pensando justo ahora, sin más. Espero que sea de tu agrado o, al menos, que no sea de tu desagrado.

Me parece que todavía nos falta mucho por crecer como humanidad. Tanto moral como socialmente nos falta mucho por avanzar, y me pregunto si alguna vez en la vida la humanidad en sí llegará a ese punto con el que tanto sueño. En ocasiones me parece que no, por más triste que suene. Nuestros antepasados creían que hoy en día habría cosas como carros voladores y demás, y lo que hoy en día ocurre es que todavía estamos peleando por petróleo, países buscan separarse en lugar de unirse más, la dictadura y la falsa democracia son realidades en muchos países, la contaminación nos está matando, y todavía luchamos por cosas tan básicas como lo son los derechos de un ser humano.

Mi mamá suele decirme que la historia se repite, que lo único que va cambiando es el nombre de los personajes y el escenario, pero que en sí el drama es el mismo, y en momentos como estos en los que pienso en la humanidad me parece que tiene razón. En la antigüedad los matrimonios eran arreglados (y por conveniencia), y lo que se buscó fue eliminar eso para darle libertad a las personas de estar con quienes quisieran y amaran de verdad. Hoy en día, todavía hay mucha gente que se sigue casando por conveniencia (chicas lindas que se quedan con el más adinerado), y si bien no es exactamente igual, en el fondo lo veo como lo mismo.

La gente de la alta sociedad buscaba tener una buena reputación y cosas favorables de las que hablar para echárselas de la gran cosa (más que todo bienes materiales, contactos e incluso los matrimonios), y en la actualidad eso se sigue viendo. Las personas se preocupaban más por cómo otros los vieran que cómo se percibían a ellos mismos, lo que ellos pensaban de sí, y eso se sigue viendo…

Y así hay muchas cosas, pero no quiero aburrirte, así que pasaré a otro punto.

La educación fue creada para hacernos libres. Bueno, más específicamente, la educación obligatoria para todos (así lo dicta la Constitución de Venezuela, si mal no recuerdo), porque el conocimiento y la sabiduría, la ilustración, nos da la libertad de pensamiento que necesitamos para poder ser libres como seres íntegros. Mientras más conoces, más puedes pensar (porque tienes con qué comparar), y mientras más piensas, es menos probable que te equivoques, es decir, que tomes decisiones equivocadas, y esto es solo la punta del iceberg respecto a este tema en especial.

Sin embargo, hay mucha gente que ve la educación como una obligación y no como la enorme oportunidad que es. Cientos de años atrás la gente se moría por ir a estudiar, por aunque fuera ver una clase, porque tenían conciencia de la importancia del conocimiento, de las luces. En la actualidad, muchas personas no tienen esa conciencia, no entienden las oportunidades magníficas que están teniendo, menospreciando y tal vez dejando perder, e irónicamente no entienden eso *porque les falta mucho por aprender*.

Aunque, bueno, cuando se trata de educación es un tema difícil. Sé que la educación puede ser utilizada como un medio de control social, lo cual es completamente lamentable, al igual que puede usarse para alienar a las personas, lavarles el cerebro y manipularlas como si fueran títeres. Y, claro, el punto es que los alienados no saben que los están alienando precisamente porque se supone que están yendo a un sitio en el que les enseñarán todo lo que deben saber para poder adaptarse a la sociedad y ser útiles en ella —algo que se supone es bueno, y como los estudiantes son ovejas que no saben nada, creerán en todo lo que les digan sus profesores, porque confían ciegamente en su pastor.

(Por esto es que la educación me parece un tema tan delicado, porque es un arma de doble filo y por ello se debe manejar con cuidado.)

Aquí otra cosa en la que pienso constantemente: no somos ni seremos verdaderamente libres nunca. Si llegas a intentar contrariarme, te responderé con una pregunta: ¿por qué no podemos viajar sin dinero? No quiero respuestas lógicas, porque esa ya la conozco —lo que quiero es que me expliquen cómo podrían decir alguna vez que somos completamente libres cuando somos esclavos de algo tan básico como el dinero.

Vivimos por el dinero. Nos movemos por el dinero. Hacemos cosas que no queremos por el dinero, y otras que quizá queremos hacer, pero no tan frecuentemente o, en dado caso, no nos da el suficiente dinero. Literalmente desde que estamos en el colegio nos enseñan que debemos tener una profesión y un trabajo no en sí para crecer como personas, sino para llevar comida a nuestros hogares, es decir, para ganar dinero.

Todo es dinero. Y lo peor es que *no podemos librarnos de él*.

Otras cosas que pienso que nos esclavizan son los aparatos electrónicos. Sé que es muy cliché, y que es irónico que lo diga considerando que trabajo por internet y a través de redes sociales, pero es que de verdad que esas cosas, en ocasiones, me parecen más algo que te consume el alma que algo que te la aligera. No recuerdo un solo día desde hace años en el que pudiera levantarme de mi cama y únicamente hacer cosas que no tienen que ver con computadoras o teléfonos inteligentes (y actualmente que trabajo por internet, mucho menos).

Sé que estos aparatos se crearon para aligerarnos la vida, para ahorrarnos trabajo, tiempo y esfuerzo, pero o bien se nos subieron a la cabeza, abusamos de ellos, o simplemente no estamos preparados para artefactos tan complejos.

Por ejemplo, hay cosas que se crearon para ahorrarnos tiempo, como los aviones. Un viaje que antes podía tomarte semanas o meses, en la actualidad puede durar solo horas, dejándonos mucho tiempo libre para hacer otras cosas más importantes. Y, ¿qué es lo importante que hacemos en el tiempo libre? ¿Descubrir la cura del cáncer, pensar en nuevas soluciones a problemas viejos, o siquiera... aprovechar ese tiempo e invertirlo en algo útil? No. La gente ve maratones de 4 horas de programas estúpidos y sin sentido, o piensa tonterías (o simplemente no piensa, sin más), o no hace nada.

Mi pregunta es la siguiente: ¿qué estamos haciendo con nuestras vidas? ¿Estamos aprovechando todos los recursos y las cosas que nuestros antepasados nos dejaron, o las estamos desperdiciando porque no tenemos conciencia ni sentido de valor ellas?

Lo siguiente en lo que pienso es algo quizá un poco esperado: los problemas. Como ya mencioné, muchos artefactos tecnológicos se crearon para hacernos la vida más fácil, pero creo que estamos haciendo la vida tan fácil que hay personas que se inventan problemas solo para tener algo con o por lo que luchar. Una vez leí en una frase que los problemas que inventamos son los más importantes, porque si los inventamos es porque los *necesitamos*, y aunque me pareció algo lógico, verdaderamente no sé qué pensar sobre ello.

Me dijiste que las cosas existían porque tenían que existir, porque era *necesario*. Entiendo eso y hasta cierto punto lo apoyo, pero... ¿que la gente se cree problemas porque sus vidas son muy aburridas o vacías? No pienso que es estúpido, sino triste, y lo que opino que debería hacerse en esos casos es buscar cosas mayores, buscar causas grandes o dignas en las que enfocarse, de manera que tu cabeza esté tan concentrada en cosas gigantes que no quede espacio para las pequeñas que luego ves que no eran tan importantes (como la ropa que está de moda, si esta u otra persona te considera atractivo o si tienes el teléfono que salió más recientemente al mercado).

Una de las muy pocas cosas buenas que me ha enseñado el asma es que un día con vida lo es todo. Que estás muy gordo, muy flaco, que eres muy alto, muy bajo, que tienes dinero, que casi no tienes… Nada de eso importa cuando te estás muriendo, porque en esos momentos lo único en lo que puedes pensar es en un día más. No importa con quién lo gastes o qué hagas —a veces un día más es lo único que realmente importa.

Y, por supuesto, sé que no todas las personas ven el mundo como yo, sé que no todas las personas ven esto de la misma manera, pero lo que pienso es que es una lástima que haya tantas cosas relevantes y la gente solo se centre en las nimiedades que a la hora de la verdad no llenan.

Volviendo al tema del principio, lo que opino sobre la humanidad, tengo algo más que decir. A mi parecer, a pesar de todo lo que nos falta por avanzar y todo lo que todavía no hemos avanzado, la sociedad, la humanidad y el mundo no se han ido al carajo. Lo digo porque muchas personas a veces dicen que se han perdido los valores, que no hay respeto y otras cosas, y terminan la frase diciendo que el mundo se ha ido al carajo, pero no pienso eso ni lo apoyo de ninguna manera.

No creo que esté bien quitarle todo el crédito a una humanidad que está luchando por cosas buenas (como la igualdad de derechos) y que ha creado avances tecnológicos que han ayudado a mucha gente (como la nanotecnología, los trasplantes, entre otras cosas), solo porque todavía le falta. Estadísticamente hablando, siempre habrá fallas, siempre habrá deslices y pormenores, pero por ellos no podemos quitarle todo el crédito a las cosas buenas que han surgido.

Estadísticamente hablando, siempre habrá una oveja negra, un descarriado que tenga maldad en su interior y por ello actúe mal, pero tal vez la humanidad vaya evolucionando hasta el punto en el que cada vez esas ovejas negras sean menos y las que hagan el bien sean más.

Quizá la raza humana siga evolucionando hasta un punto en el que funcionemos no por el bien propio, sino por el bien común; hasta que no pensemos solo en nosotros mismos, sino que veamos que hay algo mucho más grande e importante —un punto en el que ya no seamos solo seres humanos, sino que podamos decir que realmente es una humanidad.

Khroma

No te amo con locura. Si alguna vez me piden describir mi forma de amarte, la palabra que en definitiva NUNCA usaría sería esa, locura.

¿Cómo te amo?, me preguntan. Con calma, tranquilidad, a fuego lento, como tu postre favorito con el que tienes demasiado cuidado de no arruinar con lo más mínimo y…

Profundidad.

Te amo con profundidad.

Como cuando cierras los ojos y crees que no hay nada más, pero sí lo hay y por mucho —hay galaxias, planetas, lunas, nebulosas, y miles y miles de estrellas que no son más que lágrimas de felicidad que me sacas cada vez que recuerdo lo afortunado que soy de haberte conocido, lo mucho que me gusta tu risa y todo lo maravilloso que eres.

Notas fugaces en mi cuaderno (parte 3)

Yo veo artistas y tú ves arte. Cuando hablamos de inmortalidad, pienso en Beethoven y tú en Pitágoras. Anoto poemas en mis libretas, y tú en ellas anotas fórmulas matemáticas y… joder, somos tan diferentes en esas cosas, que me pregunto cómo es que encajamos tan bien el uno con el otro.

PART IV

La montaña rusa competa

Lo que me gustó de ti

lo que me gustó de ti es que
   no me bajaste la luna del cielo.
   tú eras la luna.
   lo que me gustó de ti es que
   no me trajiste flores.
   tú eras las flores.
   lo que me gustó de ti es que
   no pusiste mi mundo de cabeza.
   tú te volviste mi mundo.
   lo que me gustó de ti es que
   no me pintaste colores…

porque tú eras
(eres)
el mismísimo arcoíris.

Palabras mías, personas nuestras

Una de las cosas que más me impresionó de cuando comencé a leer Anna Karénina fue ver la importancia que su escritor le daba a los sonrojos. Es un gesto pequeño, común, que tal vez ni siquiera es muy reconocido por la mayoría de las personas, pero este autor le dio importancia y ahora es algo característico de él. A lo largo de toda la historia se puede ver cómo se usa muchas veces el verbo sonrojar (con sus respectivas conjugaciones, por supuesto), y se observa la relevancia que tiene. No es una palabra que simplemente usaron porque es linda; está ahí con un propósito y significa algo.

Esto me puso a pensar. La palabra sonrojar ahora me parecía muy característica de Tolstoi, muy de él, y mi cerebro relacionó esto a cuando alguien le pertenece a alguien más de manera metafórica. Por ejemplo, Tolstoi había tomado esa palabra que era simplemente una palabra entre otras miles de las que hay en todo el mundo, pero le dio tanta importancia y significado que es como si de cierta manera la palabra fuera *suya*. Esto obviamente no es literal; es más que claro que esa palabra no es *literalmente* de él, que él no la *inventó* y que no es como si él fuera el único que puede usarla...

Pero creo que entiendes a lo que me refiero —o, al menos, *eso espero*.

En el mundo de Tolstoi, esa palabra es muy de él, muy característica de su estilo, muy *suya*, y pienso que así es a veces esto de *sentirse de alguien*. No le perteneces a esa persona literalmente, como si fueras su esclava o algo así, pero forma tan parte de tu mundo que sientes que, de alguna manera, es como si una parte de ti le perteneciera a ella —y quizá también viceversa. No es tanto un *voy a orinar este objeto para demostrar que es de mi propiedad*, sino más bien un *estoy tan a gusto y cómodo que se siente como si fuera mi casa, como si este fuera mi lugar en el mundo, como si siempre hubiera pertenecido aquí.*

(Estas cuestiones son, como resulta más que obvio, filosóficas y metafóricas, así que, por favor, ten mente abierta al leerlas. Gracias.)

El otro día estábamos hablando al respecto y llegamos a la conclusión de que tal vez esto es como una flor que está plantada en un jardín. La flor no pertenece al jardín; la flor simplemente *está* en el jardín, mas *no le pertenece*. No pertenece al sitio en el que está plantada, ni ninguna parte de su organismo, porque ella no *escogió* ese jardín; simplemente fue *plantada* allí, tal como podría estar plantada en cualquier otro jardín y no por eso le pertenecería.

Sin embargo, esto es un poco confuso, porque si ves una flor en un jardín vas a pensar que ella pertenece allí por el simple hecho de estar allí (además, es una flor; ¿dónde más va a pertenecer? ¿A un volcán? Resulta aparentemente obvio que una flor pertenece a un jardín, aunque en realidad no le pertenezca a aquel en el que fue plantado, a pesar de que es un poco confuso plantearlo, e imagino que también leerlo).

Por otro lado, estaría el caso de una flor que dijera que pertenece al jardín en el que fue plantada. ¿No se le creería, porque se sabe que en realidad no le pertenece, que no es esclava del jardín, que su alma no es posesión de ese jardín? ¿Todos estos hechos harían que dicha flor no perteneciera a dicho jardín? ¿Cómo proceder? He aquí mis conclusiones.

Querida petunia: pertenezco a tu jardín, y me alegro de hacerlo.

Querida petunia: pertenezco a tu jardín, y cuando veo los tantos colores que tienes, me parece que nunca he pertenecido a ningún otro.

No es solo poesía

por favor, cuando estés triste, no pienses que estás solo. puede que físicamente no estemos cerca, pero siempre estamos juntos en la tercera dimensión, donde el tiempo y el espacio no existen, y sí (y solamente) lo que sentimos por el otro.

allí nos estamos abrazando, aunque nadie más lo vea. allí nos estamos tomando las manos, y esa luz (*tu luz*) me basta para seguir avanzando en medio de la enorme oscuridad.

sé que puede sonar como una locura, pero te siento en mi pecho como si fueras una parte de mí. aunque no te vea a mi lado a todas horas, sé que estás conmigo. siento tu esencia, tu presencia. todo lo siento en mi caja torácica, donde has hecho tu casa desde hace eternidades, donde encajas como si hubieras nacido para estar ahí.

yo creo que estamos conectados a otro nivel, ¿sabes? a algo que va más allá de lo físico.

cuando te digo que te me metiste en el alma, no es solo poesía.

Atardeceres, otoño y un secreto

Te contaré algo que no suelo explicar, pero que haré esta vez porque (1) se trata de ti y (2) lo necesito para que puedas entenderme.

El poemario *Fall for the both of us to stay in forever* es uno de mis favoritos, de los que más parte de mi alma tienen. Lo amo como nadie tiene idea, significa *muchísimo* para mí, y en esta nota te voy a explicar un poco de qué va su concepto (esto es lo que no suelo hacer, por cierto, y te lo cuento para que lo tengas en cuenta).

Me parece que, en ocasiones, los momentos más felices o brillantes lo son porque están por terminar. No digo que esto sea así siempre, por supuesto, pero es parte del concepto de este poemario —como en el caso de los atardeceres, que se ven bellísimos, brillantes, vibrantes, llenos de energía, segundos antes de acabar. Es como una magia sobrenatural, una verdadera maravilla, y dura apenas unos segundos antes de haberse esfumado justo ante tus ojos como si nada.

Si me preguntas personalmente, no puedo responderte si me gusta el otoño o no, porque en este país no hay estaciones; sin embargo, todo el concepto del otoño me gusta porque las hojas caen y puedes (me imagino yo que puedes) jugar con ellas, además de que los colores propios de la estación me encantan: tan cálidos, tan vivos, tan… como un abrazo que te hace sentir en casa.

(Y sí, esto en GRAN medida ayudó a que decidiera que así se llamaría el poemario, porque me gusta pensar que ese otoño que quiero congelar para dos no es más que el sentimiento que produce un abrazo cuando estás en casa.)

Como sea, he aquí otra verdad que descubrí, o que al menos escuché por ahí: los colores del otoño se ven más brillantes cuando están a punto de perderse. Después de meditar en ello profundamente, me pareció lo más lógico; a la vez, de alguna manera este hecho me recordó al Vals Triste de Sibelius, pieza que creo que sabes que es de mis favoritas del mundo entero —y el punto es que todo esto me causó tanta conmoción que me vi en la obligación de crear algo que fuera una representación de ello.

Y así surgió *Fall for the both of us to stay in forever*: los colores tan vívidos y brillantes del otoño, lo hermosos que son, y el miedo que tienes de que desaparezcan a los pocos segundos.

En sí, de eso es que trata el poemario, de lo hermoso que es enamorarse y del miedo que todo sea una ilusión o simplemente se acabe, y te estoy contando eso en este momento porque justo así se siente escribir este libro: es hermoso todo esto que siento por ti, estar contigo, quererte, pero no tienes idea del miedo que tengo de que se acabe, que todo sea una ilusión o que un día me digas que ya no me quieres.

Y no, no te lo comento para pedirte que nunca te vayas, o que nunca me digas que ya no me quieres *en caso de que sea así* (después de todo, pienso que es peor mentir o quedarse con alguien por obligación), pero… es que se me hace imposible ignorar esto, ese miedo, esa chispa de temor que tengo en el pecho de perderte, y por ello te lo relato hoy.

PD: Y no, no me digas que es tonto que tenga miedo de perderte, porque eres tan asombroso que lo alocado sería que te dijera lo contrario, y…

Porque cuando le he contado a unas pocas personas que estamos juntos, ellos me dicen *guao, qué chico tan afortunado es él*.

Pero, no, *en realidad el afortunado soy yo*, y lo tengo presente *cada día de mi vida*.

Pero no quiero

—No lo necesito.
 —De acuerdo.
 —De verdad.
 —Está bien.
 —Podría vivir sin él a la perfección.
 —Como digas.
 —Sin problemas, en serio.
 —Ajá.
 —… *El detalle está en que no quiero hacerlo.*

Más de media noche bajo el cielo de verano

no sé qué me está pasando respecto a ti, pero te agradezco por haberme llegado tanto al alma. te agradezco por hacerme sonreír, por sacarme carcajadas, por aligerarme los días, por hacer que mis mejillas se pinten de rosado, por hacerme tan jodidamente feliz. no sé qué está surgiendo entre los dos, no sé si quiera tú también lo sientes, pero gracias por ser tú, por ser real, por causarme estas jodidas mariposas en el estómago que no sé controlar, pero que quizá y solo quizá ni siquiera quiero que estén controladas…

gracias por las conversaciones filosóficas, por oír música conmigo, por mirar las estrellas a mi lado en los tejados más solitarios que ambos antes de encontrarnos mutuamente. gracias por quedarte conmigo aunque a veces ni yo me soporto, gracias por comprenderme aunque a veces ni yo lo hago, gracias por quererme aunque ni yo sé cómo hacerlo bien.

me gustan tus ojos tan oscuros y tus dedos tan delgados. me gusta tu cabello tan rebelde y tus brazos que parecieron hechos para rodearme la espalda todo el día. me gusta tu sonrisa sutil y, aunque me lo niegue, a veces fantaseo con el sabor de tus labios. me gusta tu forma de contarme chistes, tu forma de hacerme reír, tu forma de enumerar las constelaciones con las pestañas, acostado bajo el cielo desnudo del verano, tarareando canciones pasadas de moda pero que no importa porque, en realidad, son eternas.

me pareces una persona fascinante, de esas que pocas veces uno se encuentra en la vida, y que por ello, cuando lo hace, uno no la puede dejar ir.

no te quiero dejar ir (nunca). no quiero que te vayas (jamás). quiero que te sientes a mi lado (para siempre), que me tomes la mano, que me digas *ya pasó, ya pasó, todo va a estar bien, ¿sí? lo prometo*, y luego recostar mi cabeza de tu hombro mientras te trazo círculos en la palma o simplemente juego con tus dedos.

quiero hacer tonterías contigo, quiero decirte mil y un cursilerías, quiero recitarte infinidad de poemas y, más que nada, quiero me quieras como estoy comenzando a quererte: como si fuera a ser para siempre, y con la convicción de que así será.

a veces, mientras hablo contigo, me parece que te estuve esperando toda la vida. me parece que ese alguien con el que siempre soñé, ese alguien que esperaba con paciencia, con fervor, sin saberlo, eras tú; y ahora que lo sé, que finalmente lo he entendido, no te quiero dejar ir. me da miedo dejarte ir y que ya nunca regreses o, peor aún, que ya ni me encuentre a mí de nuevo, porque sé que una parte de mí se ha quedado contigo, y dudo que alguna vez vaya a volver a mi pecho.

no sé ni qué escribo. me disculpo si mis palabras te incomodan; es más de media noche y lo único en lo que pienso es en ti…

pero, sí, me gustas. sacas lo mejor de mí y me haces jodidamente feliz. me encanta hablar contigo, y tú también me encantas. pienso en besarte, en tomarte la mano, en descubrir el mundo a tu lado. amo haberte conocido, y también te amo a ti.

gracias por existir, por haberme llegado al alma, por todo.

te quiere,
una persona que piensa en ti más de lo que le gustaría admitir.

La montaña rusa completa

Acabo de caer en cuenta de que te he mentido. No, no, por favor; no te apresures a sacar conclusiones falsas, ni me mires así. Permíteme explicarme: te mentí al decirte una cosa específica en una nota específica, y ahora escribo esto para corregir mi error.

Te dije que contigo quería las subidas de la montaña rusa —y, bueno, no puedes culparme por eso porque ¿quién no quiere las subidas, la alegría, la emoción, la felicidad?

Más adelante te dije que contigo también quería las calmas, los *solo sentarnos en el sofá a hablar tonterías*, los *tomarnos las manos y nada más*, los *solo ser al lado del otro*.

Lo que te estoy diciendo ahora también me sorprende un poco a mí mismo, pero últimamente lo pienso tanto que me veo en la obligación de decirlo: *contigo también quiero las bajadas*.

Contigo no quiero solo las partes alegres y los momentos de calma. Después de todo, los buenos equipos se caracterizan por permanecer juntos en las lluvias, soportar la oscuridad, secarse las lágrimas mutuamente y por estar ahí el uno para el otro pase lo que pase.

Y eso es lo que quiero contigo, ¿sabes? La lluvia, la oscuridad, las lágrimas, las…

Las bajadas. Las calmas. Las subidas.

(O, siendo resumidos: *la montaña rusa completa.*)

También por Violet Pollux

Si te gustó este libro, deberías echarle un vistazo a otros que Violet Pollux ha publicado, como:

Ocho palabras al cielo
El show debe continuar
Los amigos no se besan
Mariposas rotas
Experimento de almas y otros relatos
Mariposa alas de algodón
Más que solo amigos: Libro I de la trilogía No Me Dejes Ir
Dos mitades: Una colección de *novelettes*

Agradecimientos

En primer lugar, a Inmortal. Por todo.

A Matías, por el apoyo. A mis lectores más fieles, por estar ahí para mí siempre. A Karen, Karem, Diana, Camilo, Marianna, Mariana, Cristina y Coty.

A Esteban, Yrian, Michelle, Fátima, Andreina y César. A Pamela, Sergio y su mamá.

Y a ti, por leer esto.

Sobre el autor

Violet Pollux

Poeta, escritore, músico, o simplemente *artista*. Sube videos a YouTube compartiendo el arte que hace con todo el mundo, y sueña con ser activista LGBTQA+ algún día. Ama los libros de romance, más que todo los de temáticas *queer*, los poemarios, además de la música que se haga sentir y el arte que llegue al alma.

Autore de las sagas *They Ship Us, El Chico de las Sopas de Letras, No me dejes ir;* novelas como *El show debe continuar; novelettes* como *El blog secreto del chico perdido, Ocho palabras al cielo, Los amigos no se besan;* y numerosos poemarios, como *Mariposas rotas* y *Mariposa alas de algodón*. Estudiante de Educación Mención Dificultades de Aprendizaje.

Puedes enterarte de sus novedades y leer material gratis en su blog: **vpollux.wordpress.com**, y, en caso de cualquier pregunta, puedes escribirle a su correo: **violetpollux@gmail.com.** También puedes apoyarle en Patreon.

¡También estás invitadx a unirte a su lista de correo para estar al tanto de sus nuevas obras, y a seguirle en sus redes sociales, como Instagram, Twitter, Facebook, Tumblr, **además de** comprar otros títulos de su autoría **para apoyarle!**

¡Si te ha gustado el libro, por favor, deja un review en Goodreads! Así puedes ayudar mucho al autor :)

¡Y miles de gracias por haber comprado esto! ¡Le ayudas más de lo que crees con ello!

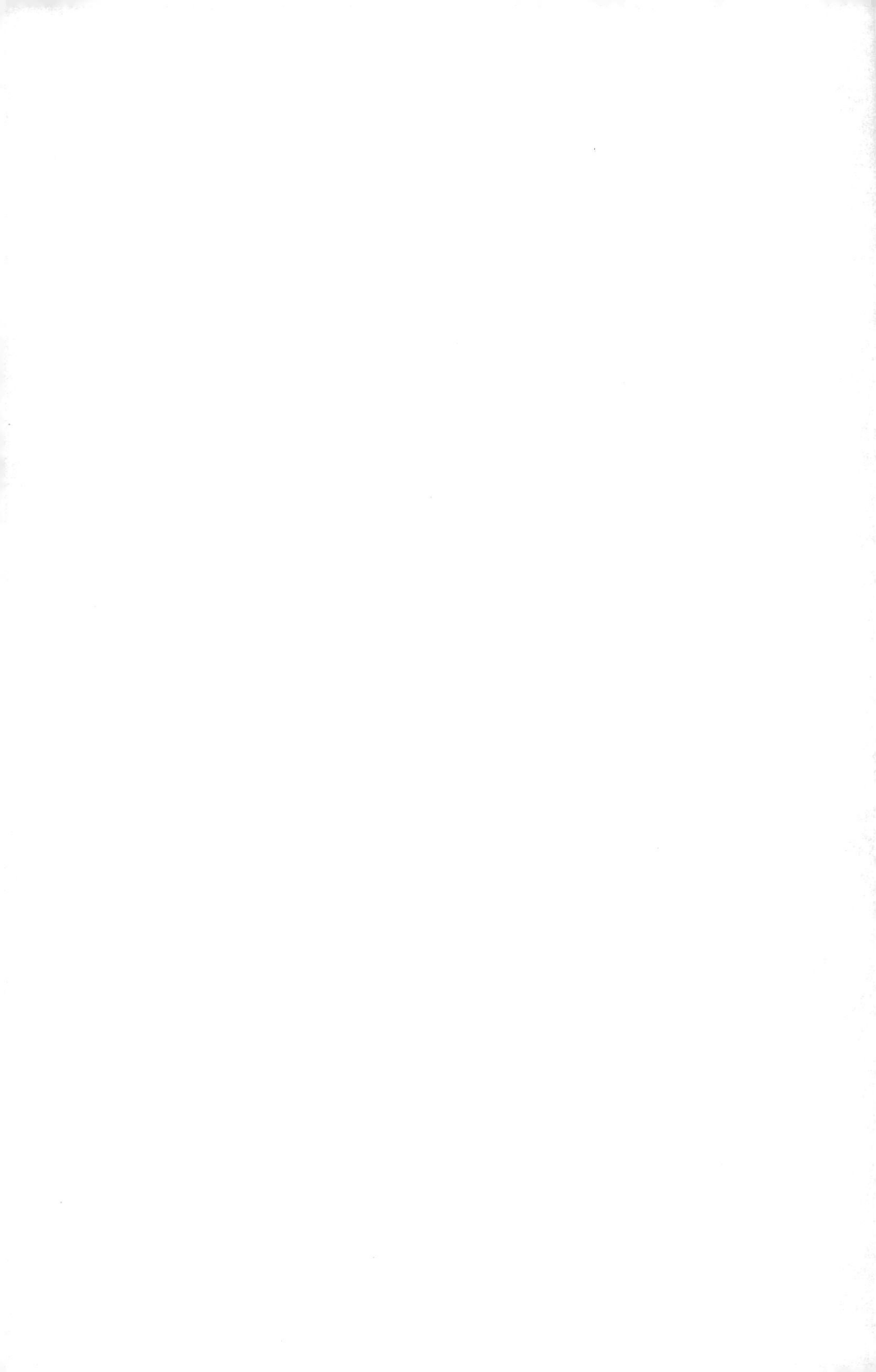

www.ingramcontent.com/pod-product-compliance
Lightning Source LLC
Chambersburg PA
CBHW031605210526
45464CB00004B/1439